사회적 갈등과 불평등

사회적 갈등과 불평등

초판 1쇄 발행 2018년 6월 15일

지은이 강원택·구인회·권현지·김용창·주병기

펴낸이 김선기
펴낸곳 ㈜푸른길
출판등록 1996년 4월 12일 제16-1292호
주소 (08377) 서울시 구로구 디지털로 33길 48 대륭포스트타워 7차 1008호
전화 02-523-2907, 6942-9570~2
팩스 02-523-2951
이메일 purungilbook@naver.com
홈페이지 www.purungil.co.kr

ISBN 978-89-6291-457-3 93330

*이 도서의 국립중앙도서관 출판예정도서목록(CIP)은 서지정보유통지원시스템 홈페이지 (http://seoji.nl.go.kr)와 국가자료공동목록시스템(http://www.nl.go.kr/kolisnet)에서 이용하실 수 있습니다. (CIP제어번호: CIP2018016792)

전공별
사회과학자들의
'더불어 살아가는
세상'을 위한
제언

사회적 갈등과
불평등

강원택 · 구인회 · 권현지 · 김용창 · 주병기

푸른길

오늘날 한국 사회의 키워드는 '격차'이다. 많은 사람들이 나날이 커져만 가는 경제적, 사회적, 지역적 격차에 좌절하고 분노한다. 민주화 이후 한동안 영남과 호남 간의 지역 갈등, 보수와 진보 간의 이념 갈등이 우리 사회의 문제였다면, 이제는 계층 갈등, 빈부 격차가 심각한 사회 문제가 되었다. 부자와 가난한 자의 소득과 재산의 차이는 늘어나고 있고, 부자 동네의 아파트와 가난한 동네 아파트의 가격 차이는 점점 더 커져 가고 있다. 서울 및 일부 수도권과 다른 지방의 경제적 여건이나 기반의 차이도 좀처럼 줄어들고 있지 않다. 이러한 격차의 확대가 더욱 심각한 까닭은 그것이 개인의 노력에 의해 쉽게 극복되기 어려운 구조적 문제가 되고 있기 때문이다. '개천에서 용 나기' 어려운 환경이 되었고, 교육이나 취업을 통한 계층 상승의 기회도 줄어들었다. 이와 같이 심각한 격차와 불평등의 심화는 불가피하게 사회적 갈등으로 이어질 수밖에 없다.

이러한 문제의식으로부터 우리 연구진은 함께 불평등과 격차를 주제로 한국 사회의 문제점을 진단해 보기로 했다. 이 책은 사회복지학, 지리학, 경제학, 사회학, 정치학을 공부하는 다섯 명의 사회과학자들이 각 전공의 시각에서 오늘날 한국 사회의 격차, 불평등의 문제점을 분석하고 바람직한 대안을 모색하면서 나온 결과물이다.

이 책은 불평등과 관련된 다섯 가지 주제를 다루고 있다. 첫 번째 주제는 '소득 분배 불평등의 악화'에 대한 것이다. 한국 사회는 1990년대 초반까지 비교적 평등한 방향으로 소득 분배가 개선되어 왔지만 그 이후 빠르게 악화되고 있는 것이 현실이다. 여기에서는 그에 대한 원인을 규명하면서 정부의 역할이나 노동시장의 문제뿐만 아니라, 그 사이 우리 사회에서 진행된 가족 구조의 변화에도 주목했다. 두 번째 주제는 '지역 불균등'이다. 한국은 '서울과 나머지 지역', 혹은 '수도권과 나머지 지역'이라고 불러도 될 만큼 서울을 비롯한 수도권과 지방 간 격차가 크다. 여기에 도시와 농촌, 도시와 도시, 도시 내부의 소지역들 등 다양한 공간에서 불균등 발전과 불평이 존재한다. 여기에서는 이러한 문제를 해소하기 위한 방안으로 '기회의 지리'라는 개념을 제시하면서 하위 단위 공간에서의 격리와 고립을 피할 수 있는 공평한 지리적 기회의 제공을 강조하였다. 세 번째 주제는 '교육적 성취 기회의 불평등'이다. 과거 한국 사회에서 계층 상승을 위한 중요한 경로는 교육이었다. 오늘날은 이전만큼 교육을 통한 계층 상승이 쉽지는 않지만 더욱 심각한 문제는 교육적 성취 기회의 격차가 크게 벌어지고 있다는 것이다. 즉 부모세대의 경제력, 학력에 따라 자식세대의 교육적 성취의 기회에 차이가 생겨나게 된 것이다. 여기에서는 그러한 경제 여건의 차이가 교육적 성취에서 실제로 어떤 차이를 낳는지 경험 자료를 통해 분석하고 이러한 문제를 완화시킬 수 있는 대안을 모색했다. 네 번째는 노동시장의 변화와 그로 인한 '청년세대 내 젠더 간 갈등의 문제'에 주목했다. 최근 청년세대에서 나타나는 이른바 '여성혐오' 현상에 주목하면서 그러한 젠더 간 갈등을 단지 가부장적 문화로부터의 변화와 같은 문화적 요인뿐만 아니라, 교육과 노동시장, 노동시장 관행 등과 같은 사회경제적 요인으로부터 그 현상의 원인을 분석했다. 마지막 주제는 '경제적 불평등이 한국 정치 전반과 민주주의를 바라보는 태도에 미치는 영향'에 대한 것이다. 경제적 불평등의 심화는 그 문제를 제대로 대표하고 해결해 내지 못하는 정당정치뿐만 아니라, 정책의 집행을 담당하는 대통령과 행정부에 대한 불신으로 이어질 수 있고, 더 나아가 국가 기관 전반에 대한 불신으로 이어질 수 있다. 이처럼 여기에서는 경제적 불평등이 정치 전반에 미칠 수 있는 부정적 효과에 대해 살펴보았다.

우리의 연구는 '한국 사회 갈등 관리와 서울대학교 공헌방안 연구'라는 2016년 서울대학교의 기획 과제에서 비롯되었다. 심각한 우리 사회의 갈등을 해소하는 데 서울대학교가 어떤 기여를 할 수 있는지 모색하는 것이 기획 과제의 목적이었다. 우리는 여러 차례의 회의를 통해 오늘날 한국 사회 갈등의 가장 중요한 원인이 불평등, 격차에 있다는 데 뜻을 모으고 각 전공별로 그에 대한 기초적인 분석 작업을 시도하였다. 그 결과물을 오늘 이 책으로 출간하게 된 것이다. 당시 이 프로젝트를 기획하신 유근배 전 부총장님께 감사의 말씀을 드린다. 그리고 연구 진행 과정에서 많은 수고를 해 준 여러 조교들, 특히 정치외교학부 양웅석 석사에게 감사의 말을 전한다. 책 출간을 다시 푸른길에 부탁드리게 되었다. 김선기 사장님, 이선주 선생님께 감사의 말씀을 드린다.

불평등과 격차 해소에 대한 우리의 관심과 노력이 '더불어 살아가는 세상'으로 나아가는 데 미력이나마 기여할 수 있다면 더 이상의 기쁨은 없을 것 같다.

2018. 6. 15.
필자들을 대표하여
강원택

제1장

한국의 소득 분배 악화와 사회정책

구인회

본 연구의 초안은 제7회 사회정책연합학술대회(서울, 2017. 10)에서 기조강연으로 발표되었다. 본 연구는 이를 수정, 보완한 것이다. 자료 분석을 도와준 이서윤(서울대 사회복지학과 박사과정) 학생께 감사드린다.

I. 서론

한국은 1960년대 이후 산업화를 거치며 급속한 경제 성장과 평등한 소득 분배를 동시에 이루어 낸 성공적인 사례로 알려져 있다. 우리나라에서 1990년대 이전 산업화 기간 소득 분배의 개선이 이루어졌다는 사실은 '동아시아의 기적'이라는 제목의 세계은행 보고서를 통해 널리 확산되었다. 세계은행(1993)에 따르면 일본과 네 마리의 호랑이로 불리던 한국, 대만, 홍콩, 싱가포르 등의 동아시아 국가들은 경제 성장과 소득 불평등 완화를 동시에 이룬 유일한 경제권이다. 이들 국가들의 성취는 경제 성장에 실패하고 소득 불평등은 극심한 라틴아메리카 국가들과 대비되는 사례로서 찬사를 받았다. 실제로 1980년대 이후 통계자료를 보면 우리나라에서는 중위 소득이 지속적으로 향상됨과 동시에 소득 불평등과 빈곤이 꾸준히 감소되었음이 확인된다.

그러나 1990년대 전반을 경계로 하여 한국은 경제 성장은 정체하고 소득 분배는 악화되는 새로운 단계에 접어든 것으로 보인다(구인회 2006). 2000년대에 들어서 한국 사회의 양극화가 큰 사회적 쟁점이 되고 복지 확대가 국가 정책의 핵심 과제로 등장하게 된 데에는 이러한 소득 분배 악화 추세가 크게 작용한 것으로 보인다. 이러한 소득 분배 악화는 1980년대부터 시작된 서구 국가들에서의 분배 악화와 궤를 같이 하는 것이지만, 우리나라는 이러한 분배 악화를 보다 단기간에, 보다 심각한 정도로 겪었다는 점에서 차이를 보인다. 후술하듯이, 우리나라의 분배 악화 정도가 심각하다는 점은 국제적인 비교를 통해서도 확인된다.[1]

---

[1] 현재 우리 사회가 경험하는 불평등 문제는 소득에 국한되지 않는다. 자산은 소득보다 더 불평등하게 분배된다는 점은 많이 알려진 사실이다. 우리나라의 경우 자산 불평등의 주요 원천이 금융자산보다는 부동산에 있는 것으로 알려져 있다(장영은·이강영·정준호 2017). 특히 주택 자산의 불평등은 주거비 부담의 격차로 이어질 뿐만 아니라 소득 불평등과 상호작용하면서 경제적 불평등을 고착화하는 기제로 작동할 수 있기 때문에 이에 대한 사회적 우려가 매우 크다(변창흠 2015). 따라서 보다 넓은 의미의 경제적 불평등을 이해하기 위해서는 자산 분배에 대한 검토가 필요하다. 그러나 여기에

이러한 분배 악화에도 불구하고 소득 분배 상태에 대한 평가는 관점에 따라 크게 달라질 수 있다. 자유지상주의적 시각에서 본다면 불평등은 자유의 보장을 위해서 불가피한 면도 있고, 또 그 자체로는 도덕적 지탄을 받을 이유가 없다. 그러나 평등주의적 관점에서 보면 불평등 악화는 개인의 기본권을 침해하는 중요한 사안이 될 수 있다. 불평등 악화는 자유의 실현에 필수적인 기본재(primary goods)의 평등한 보장을 어렵게 할 수 있고(Rawls 1999), 인간의 역량(capability) 개발이나 인권 보장과 인간적 발달(human development)을 침해하는 것이다(Sen 1999; Nussbaum 2011). 이러한 평등주의적 사고는 일찍이 사회권(social right) 논의에서 폭넓게 반영되어 현실에서 큰 힘을 발휘하였고 현대 복지국가 발달을 낳게 되었다(Marshall 1964). 우리나라에서도 대다수 시민들 사이에서 분배 악화에 대한 우려가 커지면서 자신이나 자녀의 계층 이동 가능성에 대해서 회의적인 생각이 늘어나고 있다(통계청 2016).

이렇게 우리나라 소득 분배는 극적인 반전을 거치며 악화되었지만, 그 내막에 대해 우리가 충분한 이해를 하고 있지는 못하다. 소득 분배의 역사와 관련된 가장 큰 의문은 1990년대 초반까지 평등한 방향으로 개선되던 소득 분배가 왜 1990년대를 거치며 빠르게 악화되는 방향으로 반전되었는지에 있다. 흔히 우리나라 소득 분배의 악화가 1990년대 후반 외환위기와 함께 시작된 것으로 알려져 있지만, 관련 연구들은 실제 분배 악화는 1990년대 전반을 지나며 시작되었음을 보여 준다. 본 연구는 이러한 의문에 대한 해답을 구하기 위해 근로연령대 성인 가구를 대상으로 하여 1990년대 중반 이후 한국의 소득 분배 악화 실태와 그 원인을 규명하고자 하였다.

서는 소득 분배에 대한 분석에 집중하기로 한다. 이러한 선택은 자산 분배와 소득 분배를 종합적으로 분석하는 것은 매우 방대한 노력을 요구하기 때문에 어느 정도 불가피한 것이다. 또 시민의 일상적인 복리(well-being)에 직접적인 영향을 미치는 것이 소득이라는 점에서, 그리고 자산 분배도 자산 소득을 통해서 소득 분배에 반영되고 있다는 점에서 이러한 선택은 정당화될 수 있다.

근로연령대 인구집단의 소득 분배 악화 실태와 원인을 이해하기 위해서 개인 단위에서의 근로소득 분배와 이러한 개인 근로소득이 가족 단위로 결합하여 가족소득을 형성하는 양상을 같이 파악할 필요가 있다. 다수의 기존 연구들은 노동시장을 통해 개인들 사이에서 이루어지는 근로소득 분배가 1990년대 전반 이후로 매우 악화되었음을 보여 준다. 그리고 이러한 개인 근로소득 분배 악화가 가족소득 분배 악화의 주요 요인이었음을 보여 준다. 본 연구에서는 1990년대 이후 개인 근로소득 분배 악화의 뿌리가 정부가 주도한 재벌 대기업 중심의 산업화에서부터 찾을 수 있으며, 1990년대를 거치며 대기업의 전략이 외형적 성장 추구에서 단기적 비용 감소 추구로 변화한 것이 본격적인 계기가 된 것으로 본다.

그런데 가족소득의 분배에서는 이러한 노동시장의 영향과 독립적으로 가족의 영향을 고려할 필요가 있다. 가족은 소득 분배에서 상당한 역할을 해 왔고, 가족주의의 전통이 강한 우리나라에서 가족은 강력한 소득 분배 기능을 하고 있는 것으로 알려져 있다. 그렇다면 1990년대 중반 이후 소득 분배 악화와 이러한 가족 요인들이 어떠한 관련을 가졌는지는 큰 관심사가 아닐 수 없다. 본 연구는 우리나라에서 산업화 기간 강력한 가부장주의적 문화 아래에서 남성생계부양자 모델이 지배적인 가족관계가 지속된 것이 소득 분배 개선에 영향을 미친 것으로 본다. 하지만, 1990년대를 거치면서 결혼 지연, 이혼 증가, 저출산 등으로 이러한 전통적 가족관계가 약화되면서 소득 분배 개선 기능에도 변화가 일어난 것으로 본다. 이러한 가족의 역할 변화에 대해서는 기존 연구에서 충분한 답변이 제공되지 않고 있는 바, 본 연구는 소득 분배 악화에서 노동시장의 영향을 밝힘과 함께 가족의 역할에 대해서도 분석을 진행하였다.

이 글의 마무리 단계에서는 지난 20년간 정부가 소득 분배 추이에서 한 역할에 대해 검토하였다. 우리나라에서는 1980년대 후반 권위주의체제에서 민주주의로의 이행이 이루어졌고 1990년대 후반 이후로는 사회보장을 확충하는 노력이 지속되었다. 하지만 이러한 민주주의하에서 소득 분배가 악화되고 사회경제적 불평등이 심화되는 역설적 상황을 경험하였다. 본 연구에서는 이러한 상황의 발생이 우리나라 민주주의 및 복지체제의 보수성과 관련된 것으로 보았다.

본 연구에 적절하게 이용할 수 있는 만족스러운 분석 자료를 찾기는 어렵다. 가구의 소득 실태를 조사한 많은 자료가 2000년대 이후에 등장하여 1990년대 이후 소득 분배의 추이와 그에 영향을 미친 요인을 분석하는 데에 이용할 수 없다. 또한 가계 동향 조사와 같은 일부 자료로는 도시가구를 중심으로 1990년부터 이어지는 장기간의 시계열분석이 가능하나, 1인가구, 비도시가구 등이 표본에서 제외되어 전국적 대표성을 가진 자료로 보기는 어렵다. 본 연구는 이러한 제약을 피하기 위하여 전국적 대표성이 높은 가구소비실태조사 1996년 자료와 가계금융복지조사 2012년 자료를 이용하였다. 아울러 우리나라의 실태를 이해하기 위해 다른 국가들과 비교가 필요한 분석에서는 국제비교연구에 자주 이용되는 경제협력개발기구(Organization for Economic Cooperation and Development, OECD) 자료와 룩셈부르크 소득연구(Luxembourg Income Study, LIS) 자료를 이용하였다.

II. 한국의 소득 분배 특성에 대한 검토

이 장에서는 소득 분배 악화 원인의 본격적인 분석에 앞서 그간 우리나라 소득 분배에 대해 유포되어 있는 두 가지 견해를 비판적으로 검토하고자 한다. 우선, 우리나라 소득 분배와 관련하여 빈곤은 심각한 문제이지만 불평등은 양호한 편이라는 생각이 퍼져 있었다. 여기에는 그간 소득 분배 실태의 이해가 주로 가계동향조사 자료를 분석하여 얻어졌다는 점이 관련이 있다. 이에 대해 본 연구는 소득 분배를 파악할 수 있는 대안적 자료로 가계금융복지조사 2012년 자료를 이용하여 우리나라에서 1990년대 중반 이후 빈곤만이 아니라 불평등이 상당히 악화되었음을 밝힌다. 다음으로 우리나라에서는 시장소득의 분배 상태는 비교적 양호하지만 정부의 재분배 역할이 너무 미약하여 최종적인 가처분소득의 분배에서 문제가 발생했다는 주장도 종종 발견된다. 즉 우리나라 소득 분배와 관련된 문제점은 정부의 공적 소득이전과 조세의 재분배 역할이 미미한 것이지 시장에서의 소득 분배에는 별 문제가 없다는 것이다. 그러나 본 연구에서는 이러한 인식과는 반대로 우리나라 소득 분배 악화에는 시장소득의 분배 불평등이 매우 중요한 영향을 미쳤음을 보여 준다.

1. 한국은 빈곤은 심각하지만 평등한 나라인가?

먼저, 우리나라 소득 분배의 추이에 관한 기초적 사실을 확인하는 것으로부터 시작하자. 〈그림 1〉에서는 1990년에서 2013년에 이르기까지 소득 분배 추이를 제시하고 있다. 실선에 해당하는 부분은 가계동향조사를 이용하여 가처분소득 기준으로 2인 이상 도시가구의 지니계수 추이를 1990년부터 보여 준다. 점선은 2006년 이후 전체 가구의 지니계수 추이를 보여 주는데, 이는 통계청이 기존의 가계동향조사를 확대하여 전국적 대표성을 갖도록 만든 소득분배지표 자료를 분석하여 제시한 것이다.[2] 또 〈그림 1〉에서는 가계동향조사에 기반한 이 두 가지 소득 분배 추이 추정치와 함께 본 연구의 분석자료인 가구소비실태조사와 가계금융복지조사를 이용한 소득 분배지수를 제시하여 어떤 차이가 발견되는지를 살펴보았다.

우선 패널 (a)에서는 지니계수의 추이를 비교하고 있다. 가계동향조사 자

---

2) 통계청은 2006년부터 농림어가를 제외한 전국의 1인 이상 일반가구를 대표하도록 가계동향조사의 표본을 확대하고 농어가 소득 정보를 담은 농가경제조사의 자료와 결합하여 전국적 대표성을 가진 소득분배지표를 구축하여 소득 분배 실태를 추정, 공표하였다.

료로 도시 2인 이상 가구를 대상으로 추정한 지니계수 추이에 따르면 1990년 0.26에 미치지 못하던 지니계수는 1990년대 후반 외환위기를 거치면서 증가하였고 2008년까지 상승세를 보이지만, 그 이후에는 감소세로 돌아 2013년 0.28 정도에 머물렀다. 가계동향조사의 연장선에 있는 소득분배지표 자료를 이용하여 전국의 1인 이상 가구를 대상으로 한 추이를 보면 2006년 0.31에서 2013년 0.30으로 위의 가계동향조사보다 높은 수치를 보이지만 시간적 추이는 유사한 양상을 나타낸다. 이 두 가지 가계동향조사 추정 결과를 결합하여 보면 우리나라 소득불평등도는 1990년대 이후 꾸준한 증가세를 보였지만 증가폭이 크지는 않았다고 생각할 수 있다. 소득분배지표 자료를 분석하여 얻은 2013년 지니계수 수치 0.30은 OECD 회원국의 평균 수준이어서 우리나라 소득불평등이 국제적으로 보아 심각한 상태로 볼 수도 없다. 그러나 가구소비실태조사 1996년 자료와 가계금융복지조사 2012년 자료(2011년 소득 정보를 포함하고 있음)로 추정한 1996년, 2011년의 지니계수는 각각 0.28, 0.37로, 가계동향조사 추정치보다 훨씬 높은 수준이다. 이들 자료는 우리나라 소득 분배가 1990년대 중반 이후 매우 급격하게 악화되었음을 시사하는 것이다. 참고로 0.37이라는 2011년 지니계수 수준은 OECD 회원국 중에서 불평등이 심각한 경우에 해당된다.

패널 (b)에서는 중위 소득의 50%보다 소득이 적으면 빈곤층이라고 보는 상대빈곤 개념에 따라 빈곤율의 추이를 보았다. 실선으로 그린 가계동향조사 추정치에 따르면 도시 2인 이상 가구의 반곤율은 1990년 7% 수준이었다가 외환위기 이후에는 10%로 오르고 2008년까지 13%로 올랐다가 2013년에는 12%로 낮아진다. 소득분배지표 자료를 이용하여 전국의 1인 이상 가구를 대상으로 한 빈곤율 추이를 보면, 2006년에서 2013년 사이 14~15% 정도로 나타나 가계동향조사보다 높은 수치를 보이나 그 시간적 추이는 거의 유사하다. 그런데 이러한 가계동향조사에 근거한 추이는 이 기간 우리나라에서 빈곤 문제가 크게 악화되었음을 보여 주는 것이고, 15% 수준의 빈곤율은

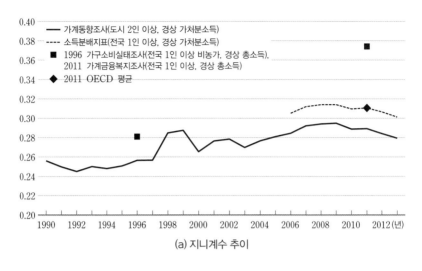

(a) 지니계수 추이

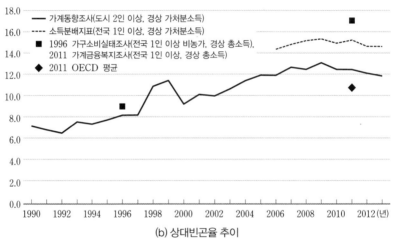

(b) 상대빈곤율 추이

〈그림 1〉 소득 분배 추이의 비교, 1990-2013

OECD 회원국 중에서 빈곤이 심각한 경우에 속한다. 한편 가구소비실태조사 1996년의 빈곤율 추정치는 9% 정도이고, 가계금융복지조사 2011년 추정치는 17%로서 가계동향조사보다 큰 수치를 보이나 그 격차가 지니계수의 경우보다는 작아 시간적 추세에서 큰 차이를 드러내지는 않는다.

이러한 비교에 따르면 그간 소득 분배 실태 파악의 공식 자료로 이용된 가계동향조사와 소득분배지표 자료는 가구소비실태와 가계금융복지조사에 나타난 1990년대 이후 빈곤 악화 추세는 어느 정도 반영하고 있지만 불평등 악화 추세는 제대로 반영하지 못하고 있음을 알 수 있다. 앞에서도 지적했듯이, 2011년 가계금융복지조사 지니계수는 0.37로 소득분배지표 자료로 추정한 수치 0.31보다 0.06이나 높다. 지니계수 0.37은 영국이나 그리스, 스페인, 포르투갈 같은 남유럽 국가들보다 높은 수준이고 미국에 근접하는 수준으로 OECD 국가들 중 소득불평등이 가장 심한 경우에 해당하는 수치이지만, 0.31은 OECD 국가 평균 수준임을 고려하면 그 차이의 정도가 심각함을 알 수 있다.

가계동향조사를 이용하여 파악한 그간의 소득 분배 실태가 불평등 정도를 과소평가하고 있음은 조세 자료를 이용한 소득 분배 추이 연구에 의해서도 확인된다. 홍민기(2015)는 국세통계 자료를 이용하여 1958년부터 2013년까지 최상위 소득 비중이 어떻게 변화하였는지를 분석하였다. 분석 결과에 따르면 1960년대 이후 증가하던 최상위 10% 집단의 소득 비중이 1980년대 이후 정체하다가 1990년대 후반을 지나면서 급격하게 증가하여 국제적으로도 매우 높은 수준이 되었음을 보여 준다. 이러한 최상위 소득층의 소득 비중 증가는 전반적인 노동시장의 양극화 추이와 그에 따른 근로소득 불평등도를 반영한 것으로 보인다. 이러한 연구 결과는 조세 자료를 이용한 다른 연구들과 맥을 같이하는 것으로 가계동향조사의 소득 자료가 고소득자의 소득 증가를 제대로 반영하지 못하고 있음을 보여 준다(김낙년·김종일 2013).

요컨대, 지난 20여 년간 우리나라에서 빈곤은 심각하게 악화되었지만 불평등은 비교적 완만하게 증가하였다는 것이 전문가들 사이의 평가였지만, 이러한 평가는 주된 분석 자료인 가계동향조사 자료의 문제점으로 인해 소득불평등도가 낮게 추정되어 나타난 결과로 보인다. 2006년 이후 가계동향조사 자료는 표본 대표성의 문제를 크게 개선하였지만, 소득의 과소 보고 문제는 여전히 남아 있던 것으로 보인다. 가계동향조사는 상위 소득자를 표본에 충분히 포함하지 못하거나 상위 소득자의 소득 보고가 과소하게 이루어졌고 그 결과 소득불평등 악화 추이를 저평가한 것으로 보인다(김낙년·김종일 2013). 이원진·구인회(2015)는 고소득층 소득이 심각하게 과소 보고된 점은 가계부 기장방식으로 이루어지는 가계동향조사의 조사방식과 관련이 있는 것으로 추정하였다.

2. 우리나라 시장소득 분배는 평등한가?

한국의 소득 분배 양상에서 중요한 특징으로 꼽히는 사실 중 하나는 시장소득, 그리고 그 대부분을 점하는 근로소득은 국제적인 기준으로 보아 평등하게 분배되고 있는데, 가처분소득의 분배는 매우 불평등하다는 점이다.[3] 한국에서 시장소득과 근로소득의 분배가 양호하다는 점은 가계금융복지조사 자료와 LIS 자료를 이용하여 2010-2011년 사이 25-64세의 근로연령대 가구주를 가진 인구집단을 대상으로 근로소득과 시장소득, 가처분소득을 비교한 〈그림 2〉에 잘 나타나 있다.

패널 (a)에서 나타나듯이 한국의 가처분소득 기준 지니계수는 0.34 정도로 브라질과 미국을 제외하고는 가장 높은 수준을 보이지만 시장소득, 근로소득 기준으로는 아이슬란드 다음으로 가장 평등한 분배 양상을 보인다. 패널 (b)의 가처분소득 기준 상대빈곤율을 보면, 한국은 14% 정도로 브라질과 미국, 남유럽의 스페인과 그리스 다음의 높은 수준을 보인다. 그러나 시장소득과 근로소득을 기준으로 보면 단연 가장 낮은 수준의 빈곤율을 보인다. 이러한 근로소득, 시장소득, 가처분소득의 분배 상태 비교를 통해 한국에서는 시장소득이나 근로소득의 분배는 매우 평등한 편이지만, 국가의 공적 소득

---

3) 가처분소득은 근로소득(피용자 임금과 자영자 소득)과 자본소득(이자, 주식배당 등)에 정부지원금(실업급여, 국민기초생활보장 급여 등)을 더하고 세금을 빼서 구한 소득이다.

이전 역할이 미약하여 가처분소득의 분배는 좋지 않다는 결론이 도출되기도 한다.

그런데 과연 한국에서의 시장소득, 특히 근로소득의 분배는 평등하다고 볼 수 있을까? 이를 알아 보기 위해서는 우선, 〈그림 2〉의 분석이 근로연령대 가구주를 가진 '가구'를 대상으로 하여 가구 단위의 근로소득, 시장소득, 가처분소득을 비교한 것이라는 점을 분명히 할 필요가 있다. 즉 위에서 검토한 근로소득의 분배는 개인 근로소득의 분배가 아니라 개인들의 근로소득을 그들이 속한 가구 단위에서 합산하여 조정한 가구 단위의 근로소득 분배인 것이다. 그리고 이러한 가구 단위 근로소득의 분배는 개인들 사이에서 근로소득이 분배되는 양상과 개인들이 가구를 형성하여 근로소득을 가구소득으로 결합하는 양상이 같이 작용한 결과이다. 따라서 시장에서 결정되는 근로소득 분배의 실태를 명확히 보기 위해서는 가구 단위에서 본 근로소득의 분배 상태가 아니라 개인들 사이에서 이루어진 근로소득의 분배 실태를 분석해야 한다. 가구 구성과 가구 구성원 근로의 양상에 따라 개인 단위와 가구 단위에서는 분배 상태에 차이가 나타나게 마련이며 이러한 가구 특성은 나라마다 차이가 있기 때문이다.

실제로 한국에서는 가구 단위에서의 근로소득 불평등과 근로소득 빈곤은 국제적인 기준에서 보아 상당히 낮은 수준이지만, 개인 단위에서의 근로소득 불평등과 저근로소득자의 비율이 매우 높다는 것은 약간의 분석으로도 쉽게 확인된다. 예를 들어, 우리나라 전일제 근로자의 임금불평등도와 저임금근로율(임금소득이 중위 임금의 3분의 2보다 낮은 저임금 근로자 비율)은 OECD 회원국 중 가장 높은 경우에 속한다. 〈그림 3〉의 패널 (a)에서는 1980년대 전반(1984년)부터 2012년까지 한국 전일제 근로자의 임금 격차를 하위 1분위 임금 대비 상위 9분위 임금 비율(D9/D1), 중위 5분위 임금 대비 상위 9분위 임금 비율(D9/D5), 하위 1분위 임금 대비 중위 5분위 임금 비율(D5/D1)의 세 가지로 측정하여 주요 OECD 국가들과 비교한 결과를 보여 준다.

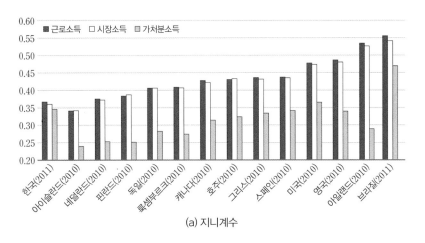

(a) 지니계수

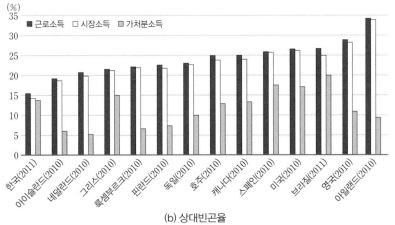

(b) 상대빈곤율

〈그림 2〉 근로연령대 가구의 근로소득, 시장소득, 가처분소득 분배의 국가 비교

자료: 한국은 2012 가계금융복지조사, 다른 국가는 Luxembourg Income Study

한국의 임금 10분위 비율(D9/D1)은 2011년 현재 4.8로서 5.0에 달한 미국에
비해서는 조금 낮으나 3.5를 넘는 영국은 물론, 3.0에서 3.5 사이의 독일, 프
랑스, 일본, 2.0 대의 스웨덴, 덴마크와 비교할 때 매우 높다.

이러한 한국의 높은 임금불평등도 수준은 1990년대 전반 이후 20년간 빠
르게 악화된 결과로 나타난 것이다. 1980년대 전반에 한국의 임금 10분위 배

율(D9/D1)은 4.5를 넘어 매우 높은 수준이었으나 1990년대 전반까지는 3.5에 근접한 수준으로 떨어져 미국보다 낮고 영국에 근접하는 수준으로 개선되었다. 임금불평등의 증가 추세는 미국과 영국에서는 1980년대부터 시작되어 지속되었고, 독일과 스웨덴, 덴마크도 1990년대부터 증가세를 보인다. 한편 프랑스와 일본은 대체로 임금불평등도가 정체 상태를 보인다. 한국은 완만한 증가를 보인 유럽 국가들은 물론 급속한 불평등 증가를 보인 미국과 비교해서도 훨씬 빠른 불평등 증가 추세를 경험하였다.

1990년대 이후 두드러진 한국의 임금불평등 악화의 세부적인 양상을 보면, 패널 (b)에서 나타나듯이 중위 임금 근로자 대비 상위 9분위 근로자의 임금 비율(D9/D5)의 추이도 임금 10분위 비율과 마찬가지로 1980년대에 걸쳐 상위 임금 비율이 빠르게 감소하다가 1994년 이후 반전하여 빠르게 증가하는 양상을 보인다. 이러한 변화는 일본과 프랑스를 제외한 대다수 나라에서 관찰된다. 미국이나 영국에서는 1980년대 이후 그 상승이 빠르게 이루어졌고, 다른 유럽 국가들에서도 1990년대 이후에 상승 양상이 나타난다.

반면에 패널 (c)에서 알 수 있듯이 1990년대 하위 1분위 근로자 대비 중위 근로자의 하위 임금 비율(D5/D1)의 상승은 한국에만 나타나는 특이한 현상이다. 한국은 1980년대에 하위 임금 비율이 감소하였지만 1990년대에는 빠르게 증가하여 미국과 함께 가장 높은 수준을 보인다. 통일을 경험한 독일이나 덴마크가 1990년대 이후 하위 임금 비율이 상승하여 한국의 하위 임금 근로자의 임금 하락과 유사한 양상을 나타낼 뿐이고 다른 나라들은 하위 임금 비율의 증가 추세가 뚜렷하지 않다. 이렇게 한국에서 특이하게 하위 임금 비율이 빠르게 증가하여 높은 수준에 이르게 된 변화가 빈곤의 급격한 증가로 이어진 것으로 보인다. 이상의 결과를 볼 때 전반적으로 임금소득의 분배 추세는 불평등도와 빈곤이 모두 증가한 가족소득의 분배 양상과 일관된 모습을 보인다.

기존 연구는 이러한 임금불평등 악화를 노동시장에서 대졸자에 대한 수요

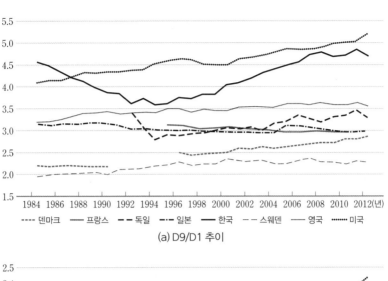

(a) D9/D1 추이

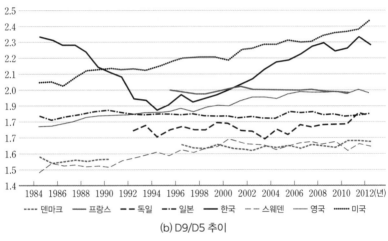

(b) D9/D5 추이

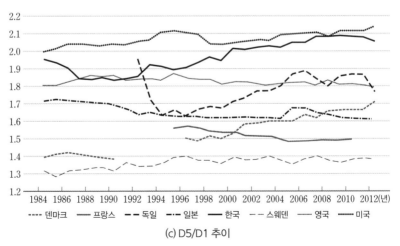

(c) D5/D1 추이

〈그림 3〉 한국과 주요 OECD 회원국의 임금 격차 추이

자료: OECD Statistics

증가가 공급증가를 초과하여 학력 간 임금 격차로 설명한다. 최강식·정진호 (2003)에 따르면, 1983년에서 1993년에 이르는 시기에는 대졸자의 공급증가로 대졸자의 상대 임금이 하락하였으나 1993년에서 2000년에 이르는 시기에는 대졸자의 지속적인 공급증가에도 불구하고 대졸자의 상대 임금이 상승세를 보였다. 그리고 이러한 노동수요 변화는 산업 전반에 걸쳐 숙련층의 수요를 증가시키는 기술 진보가 일어나면서 발생했다고 본다(박성준 2000; 최강식·정진호 2003; 박철성 2012). 또 1990년대 이후 우리나라 임금불평등도 악화에서 경제개방의 영향을 강조하는 연구들도 적지 않다(옥우석·정세은·오용협 2007; 안정화 2007; 남병탁 2010).

그러나 이러한 노동수요 변화만으로 1990년대 전반을 거치면서 매우 급속하게 반전된 임금불평등도의 추이 변화를 충분히 설명할 수 있는지 의문이다. 더욱이 우리나라에서는 다른 선진 산업국가들과 달리 중위층 이하에서의 임금불평등도 크게 악화되는 독특한 모습을 보였는데 이러한 특성을 일반적인 기술 변화로만 설명할 수 있는지도 의문이다. 이러한 점에서 임금불평등에 영향을 미치는 제도적 요인의 역할 등 대안적 설명에 대한 검토가 필요하다. 그런데 제도적 요인으로 흔히 검토되는 노동조합이나 최저임금제도는 우리나라에서 임금불평등도 변화에 큰 영향을 발휘한 것으로 보이지는 않는다. 무엇보다도, 우리나라에서 노동조합이나 최저임금제도가 가진 영향력에 근본적인 한계가 있었기 때문에 그러한 제도에서의 변화로 임금불평등 악화를 설명하기는 어려운 것으로 보인다(성재민 2009; 정진호 2011; 김영민·김민성 2013).

비교적 최근에는 1990년대를 거치면서 확연하게 진행된 대기업과 중소기업 간의 임금 격차 확대, 비정규 고용의 확산 등 다른 제도적 여건에서의 변화들에 주목하는 연구들이 등장하고 있다. 기업 규모별 임금 격차는 1980년대 말 크게 증가한 이후 1990년대 말까지 완만한 증가를 보이다가 2000년대 이후 다시 큰 폭으로 상승하였다(조동훈 2009). 몇몇 연구는 이 시기 임금불평등 확대에서 사업체 간 불평등 확대가 큰 역할을 하였으며 특히 대기업과 나머지 기업의 규모별 격차 확대가 중요하다고 보고하였다(정이환 2007; 정준호·전병유·장지연 2017). 손홍엽·김기승(2013)은 기업 규모별 임금 격차의 상당 부분이 근로자 특성보다는 기업의 지불능력 차이로 설명된다고 하였다. 국제비교 분석에서도 한국의 경우 기업 규모별 임금 격차가 특히 큰 것으로 나타났다(정이환 2015). 조성재(2005)는 1990년대 이후 중소기업 노동자의 주변화가 급속하게 진행되었음을 보여 주었다. 또 임금불평등도의 변화와 관련하여 중요한 변화로 정규직과 상당한 임금 격차를 보이는 비정규직 고용 확산이 제기되었다(김유선 2005). 비정규직 임금이 정규직 임금의 60% 이하에 머무르는 고용형태별 임금 격차는 인적 속성 등의 차이를 감안하더라도 과도한 것으로 보인다(Grubb et al. 2007). 이러한 비정규직이 30%를 상회하는 수준으로 증가한 변화가 임금불평등도에 상당한 영향을 미칠 수밖에 없다(OECD 2015).

  노동시장의 이러한 제도적 여건은 대기업 중심의 산업화 과정에서 그 기틀이 형성되었다고 볼 수 있는데, 1990년대 전반을 거치며 본격화된 변화가 임금불평등 악화에 중요한 계기로 작용한 것으로 보인다. 1993년 출범한 김영삼 정부가 세계화를 국정지표로 하여 추진한 노동시장 유연화는 이후 지배적인 담론으로 자리 잡았고, 대기업들은 그 이전의 외형적 성장 전략에서 비용효율성 위주의 단기적 이익극대화 전략으로 전환하여 중소기업과의 관계, 근로자의 고용관계 등을 재편해 나갔다(김유선 2005; 조성재 2005). 이렇게 대기업 정규직 근로자집단과 중소기업 비정규직 근로자집단으로 노동시장의 이중구조화가 본격화되었고 1990년대 말 IMF 외환위기와 함께 이러한 추이가 확산되면서 임금불평등이 크게 악화되었다.

III. 소득 분배 악화 요인의 분석

II장에서는 우리나라의 불평등 증가가 빈곤 악화만큼 심각하다는 점, 그리고 이러한 변화의 저변에는 임금불평등 악화 등으로 노동시장에서 개인의 근로소득 분배가 크게 악화한 현실이 작용하였다는 점을 논하였다. 국내외의 많은 연구는 특히 남성 근로소득 불평등 증가가 가족소득 분배 악화에서 큰 역할을 하였음을 밝히고 있다(정진호 외 2002; Juhn and Murphy 1997). 하지만 개인의 근로소득 불평등이 악화되더라도 가족은 그 영향을 완충하는 기제로서 작용할 수 있다. 개인의 근로소득이 가족관계를 통해 널리 공유될 경우 개인들 사이에서 소득 분배가 악화되어도 가족 단위의 분배에서는 큰 변화가 나타나지 않을 수 있기 때문이다. 한국 등 동아시아 국가들은 가족 단위에서의 상호 원조가 강하게 유지되어 상당한 복지기능을 하고 있다고 알려져 있기도 하다. II장에서는 우리나라에서 개인 근로소득 분배는 불평등하지만, 가족 근로(시장)소득 분배는 평등하다고 하였는데 이는 우리나라 가족의 소득 분배기능과 관련되어 있다. 이 장에서는 이러한 가족이 소득 분배에서 어떤 역할을 하는지, 그러한 역할이 어떤 변화를 겪고 있는지를 검토하고자 한다.

1. 소득 분배와 가족

가족은 개인 단위의 근로소득 분배를 평등화하는 기제로 작동한다. 이는 근로소득의 능력이 약한 개인들의 관점에서 보면 쉽게 이해할 수 있는데, 이들은 가족의 구성원이 됨으로써 두 가지 혜택을 본다. 첫째로 소득능력이 큰 가족구성원이 벌어온 소득을 공유할 수 있다. 이는 실제 소득자 이외에 다른 가족구성원들도 가족소득을 동등하게 향유한다는 가정에 따른 것인데 어느 정도 현실을 반영한다. 둘째로는 소비에서의 규모 경제(economies of scale)

효과로 혜택을 본다. 가족을 이룰 경우에는 주거시설이나 가재도구를 같이 이용하기 때문에 단독으로 사는 경우보다 비용이 적게 든다(Burtless 2009). 이러한 이유로 개인소득의 분배 상태보다는 가족소득의 분배 상태가 평등한 양상을 보이게 된다.

가족 단위에서 소득 분배는 결혼이나 이혼, 출산을 통해서 가족을 구성하는 양상과 부부가구에서 배우자가 유급근로를 하는 양상에 큰 영향을 받는다. 이외에도 부부 이외 여타 가구원의 경제활동 참여 등이 영향을 미치나 이들은 부차적인 기능을 하는 것으로 판단되어 여기에서는 제외하기로 한다.[4]

우선, 가족의 소득평등화 효과는 부부가구와 단독 성인가구, 한부모가구의 상대적 비율에 따라서 달라질 것이다. 결혼을 지연하는 인구가 늘며, 혼인율이 감소하는 반면 이혼율은 증가하고, 미혼 출산이 증가하면 부부가구는 감소하고 한부모가구와 성인 단독가구(single-adult families)는 증가한다. 그리고 이러한 변화는 소득 분배 악화로 이어진다(McCall and Percheski 2010; McLanahan and Percheski 2008). 특히 저소득층에서 한부모가구와 단독 성인가구가 발생하는 경향이 강하다면 가족 구조 변화는 분배를 더욱 악화시키는 결과를 낳는다. 서구 연구에서는 한부모가구 증가를 중심으로 한 가족 구조 변화가 소득 분배를 악화시킨 한 요인으로 밝혀졌다(Daly and Vallette 2006; Martin 2006; Western, Bloom, and Percheski 2008; Chen Forster and Llena-Nozal 2013).

또 최종적인 소득 분배 양상에는 배우자의 근로소득도 중요한 영향을 미친다. 배우자 근로소득의 역할은 동질혼의 정도와 여성의 경제활동 참가 양상에 다시 영향을 받는다. 첫째 선별적 혼인(assortative mating)의 증가 문제

---

4) 여러 세대가 동거하는 세대 구성은 노인의 소득 분배와 관련하여 매우 중요한 의미를 갖는다. 우리나라 노인 빈곤의 증가에는 노인이 성인자녀와 동거하는 3세대 가구로부터 자녀와 별거하여 가구를 형성하는 노인독립가구화 경향이 매우 중요하게 영향을 미쳤다(Ku and Kim 2017). 여기에서는 근로연령대 가구를 분석 대상으로 하므로 이에 대해서는 검토하지 않는다.

를 살펴보자. 결혼제도는 남편은 시장 노동을 맡고 아내는 가사와 양육을 담당하는 전문화와 교환(specialization and trading)의 체계에서 배우자들이 모두 가구 경제에 대한 기여에 가치를 부여하는 협동(collaboration)의 체계로 변화를 겪고 있다(Oppenheimer 1994; 1997). 이렇게 결혼의 성격이 변화하면서 배우자 선택에서 교육에 따른 선별이 증가하고 그 결과 부부간 근로소득의 상관관계가 증가할 수 있다(Schwartz 2010). 그러나 경험적 연구들은 동질혼 증가가 소득불평등 악화에 기여하였는지 여부에 대해서 상반된 결과를 보고하며 효과가 있는 경우에는 그 크기도 크지 않은 것으로 보고하고 있다(Esping-Andersen 2007; Western et al. 2008; Breen and Salazar 2011; Breen and Andersen 2012).

배우자의 근로소득에 영향을 미치는 둘째 요인은 여성의 경제활동 참여 양상의 변화이다. 과거에는 주로 저소득층 가구의 여성배우자 경제활동 참가가 활발하여 가족 근로소득의 분배를 평등화하는 경향이 있는 것으로 평가되었다. 하지만 근래로 올수록 고소득 가족의 여성배우자들이 저소득 남편의 배우자들에 비해 경제활동 참가와 근로소득을 더 늘리는 경향이 강화되고 있다. 이러한 변화로 인해 여성 경제활동 참가 증가가 가족소득 분배를 개선하는지, 악화시키는지에 대해서 상당한 논쟁이 진행되고 있다(Treas 1987; Cancian and Reed 1998; 1999; Burtless 1999; Daly and Vallette 2006). 국내 연구에서도 여성 경제활동 참가 증가의 영향에 대해 상이한 발견이 보고되었다(구인회 2006; 이철희 2008; 여유진 외 2013; 장지연·이병희 2013; 최바울 2013; 김수정 2014).

우리나라에서는 강고한 가부장주의 문화 아래에서 남성생계부양자 모델의 가족이 지배적인 형태를 차지해 왔다. 그리고 비혼 출산을 금기시하는 유교적 전통 아래에서 한부모가구는 적고 부부가구는 많은 등 가족적 유대가 강하고 여성의 경제활동은 가계보조적인 성격이 강해 가족의 소득 분배 개선기능에 기여했을 것으로 보인다. 앞 장에서 우리나라는 개인의 근로(시장)

소득 분배가 매우 불평등하지만 가족 근로(시장)소득의 분배는 상당히 평등하다고 했는데 이러한 현상은 우리나라 가족관계의 특성으로 설명되는 것이다. 이러한 우리나라 가족의 소득 분배 기능이 크다는 점은 국가 간 비교를 통해서도 알 수 있다.

그럼 가계금융복지조사 자료와 Luxembourg Income Study 자료를 이용하여 2010년경 우리나라의 가족 구조와 여성배우자 경제활동을 미국, 영국, 핀란드, 독일, 스페인과 비교하여 보자. 먼저, 〈표 1〉에서는 가족 구조 유형별 인구 비중을 비교하였다. 한국은 부부가구의 비율이 73%로 가족주의가 강한 유럽 남부 국가인 스페인의 72.8%와 유사한 수준이고, 핀란드 59.2%, 독일 58.1%, 영국 62.8%, 미국 59.6%에 비해서 10%p 이상 높다. 아동을 부양하는 부부가구의 비율도 스페인보다 크게 낮지만, 다른 국가들에 비해서는 높은 수준이다. 이에 비해 한부모가구가 차지하는 인구 비율은 4.8%의 가장 낮은 수준으로, 12%가 넘는 미국이나 영국과는 큰 격차를 보인다. 성인 단독가구 등의 기타가구 비율은 22.2%여서 핀란드나 독일에 비해서는 크게 낮은 수준이다. 이렇듯 한국의 가족 구조는 부부가구의 비율이 높고 한부모가구나 성인 단독가구의 비율은 낮은 특징을 보인다.

이렇게 우리나라에서는 개인들이 가구 단위로 결합하는 정도가 높아 가족이 소득 분배를 개선하는 경향이 컸을 것으로 보이는데, 그 분배 개선의 정

〈표 1〉 가구 유형별 인구 비중 분포의 국제 비교, 2010년경

국가/구분	아동부양부부	부양아동 없는 부부	한부모	1인가구 및 기타
한국	42.09	30.93	4.75(5.70)	22.23(21.29)
핀란드	31.47	27.75	6.13	34.65
독일	33.24	24.87	7.98	33.91
스페인	54.42	18.45	7.73	19.40
영국	37.36	25.46	12.29	24.89
미국	36.34	23.26	12.42	27.98

자료: 2012 가계금융복지조사, Luxembourg Income Study

도에는 여성의 경제활동 참가 양상이 영향을 미친다. 우리나라에서 여성의 경제활동 참여율은 그간 꾸준히 증가하였지만, 국제적으로 보면 상당히 낮은 상태이다. 15세 이상 64세 이하의 여성 중 경제활동 참가율은 2011년 기준 54.9%로서 OECD 평균 61.8%에 비해 크게 낮고, 70%를 넘는 북구나 북미 국가들에 비해서는 더욱 그러하다. 서구의 경험으로 볼 때 이렇게 여성의 경제활동 참가가 보편화되지 않은 상황에서 여성 경제활동 참가는 가구주의 낮은 소득을 보완하려는 동기에서 일어나는 경향이 강하다. 따라서 우리나라 여성의 경제활동 참가는 가구주의 근로소득이 낮은 가구에서 더 높은 비율로 이루어질 가능성이 있고 따라서 가구소득을 평등화하는 방향으로 작용할 것이다.

〈그림 4〉에서는 한국, 핀란드, 독일, 스페인, 영국, 미국 6개국을 대상으로 하여 남편 소득을 순위별로 10등분하고 각 10분위별로 여성배우자의 고용률과 평균 근로소득을 제시하였다. 〈그림 4〉에서 볼 수 있듯이 서구 국가들에서는 남편의 소득이 커질수록 여성배우자의 고용률과 근로소득이 커지는 정적인 상관관계가 뚜렷하게 나타난다. 이에 비해 한국에서는 남편 소득분위가 높아질수록 여성배우자의 고용률이 감소하는 경향이 뚜렷하다. 근로소득의 경우에는 우리나라에서 남성 소득 최하위분위에서 여성배우자 근로소득이 높고, 6분위 이상으로 가면서 여성배우자 근로소득이 높아지는 양상을 보인다. 그러나 남편 소득분위가 높아짐에 따라 여성배우자의 소득이 점점 증가하는 서구 국가들처럼 뚜렷한 정적 상관관계를 보이지는 않는다. 이렇듯 한국에서는 여성의 경제활동 참가가 저소득층 사이에서 높아 다른 국가에 비해 여성 경제활동이 소득 분배를 개선하는 역할이 클 것으로 보인다.

이렇게 우리나라에서는 가족이 가족 형성과 여성 경제활동 참가를 통해 소득 분배를 개선하는 역할이 서구 국가들에 비해 컸을 것으로 보이는데, 이를 확인하기 위해 〈표 2〉에서는 개인 근로소득을 기준으로 구한 저소득자의 비율과 가구 근로소득을 기준으로 구한 저소득자의 비율을 국가별로 비교하였

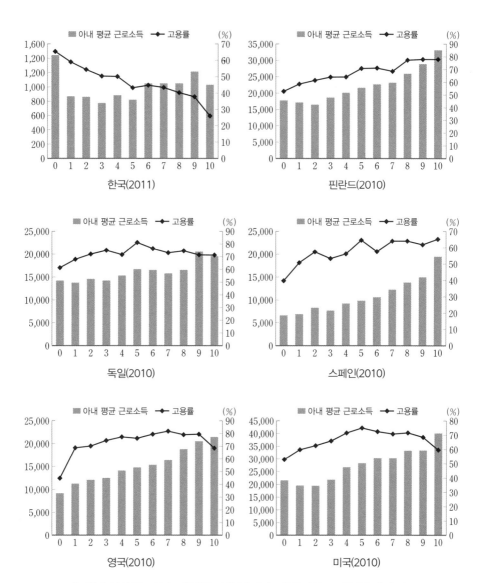

〈그림 4〉 남성 근로소득 10분위별 여성배우자의 고용률과 근로소득의 국가 간 비교

자료: 2012 가계금융복지조사, Luxembourg Income Study

<표 2> 개인 근로소득 저소득자 비율과 가구 근로소득 빈곤율의 국가 간 비교

국가	가족관계	(a) 개인 근로소득	(b) 가구 근로소득	감소분(a→b)
한국 (2011)	전체	48.96	15.83	67.7%
	가구주	12.19	9.82	19.4%
	배우자	28.35	4.26	85.0%
	기타	8.43	1.75	79.2%
핀란드 (2010)	전체	40.43	22.46	44.4%
	가구주	20.35	16.94	16.8%
	배우자	18.91	5.22	72.4%
	기타	1.18	0.30	74.6%
독일 (2010)	전체	43.81	22.73	48.1%
	가구주	25.39	17.37	31.6%
	배우자	16.53	4.75	71.3%
	기타	1.89	0.61	67.5%
스페인 (2010)	전체	49.90	25.93	48.0%
	가구주	22.81	14.03	38.5%
	배우자	19.66	8.37	57.4%
	기타	7.43	3.53	52.5%
영국 (2010)	전체	46.61	26.25	43.7%
	가구주	22.84	18.68	18.2%
	배우자	21.11	6.57	68.9%
	기타	2.67	1.00	62.6%
미국 (2010)	전체	48.67	25.27	48.1%
	가구주	26.63	16.60	37.6%
	배우자	14.93	5.93	60.3%
	기타	7.12	2.74	61.5%

주: 1. 분석 대상은 근로연령대(25~64세) 가구 내 25~64세 가구원임
2. (a)의 개인 근로소득의 저소득 기준선은 중위 근로소득의 2/3로 설정함
3. (b)의 가구 근로소득은 가구 규모를 반영하여 조정한 소득이고, 빈곤선은 중위 소득의 1/2임
자료: 2012 가계금융복지조사, Luxembourg Income Study

다. 서구 국가들에서는 개인 단위 저소득자 중에서 가구주가 다수를 차지하
거나 배우자와 비슷한 규모를 차지한다. 이에 반해 한국에서는 가구주의 저

　　　　　　　　　　　　　　　　　사회적 갈등과 불평등

소득자 비율은 12.2%로 매우 낮고, 배우자의 저소득자 비율은 28.4%로 높은 수준이다.

그런데 모든 나라에서 저소득 개인 중 가구주는 가구 단위에서도 저소득층으로 남는 경향이 강하고, 저소득 개인 중 배우자는 가구 단위에서 저소득 지위를 탈피하는 경우가 많다. 특히 한국에서는 주로 여성인 배우자와 기타 가구원들은 가구주의 소득을 공유하는 과정을 통해 다수가 저소득 지위를 벗어난다. 개인 단위에서는 저소득층인 배우자 중 85.0%가 가구 단위에서는 저소득층을 벗어나고, 개인 단위에서 저소득층인 기타 가구원도 79.2%가 가구 단위에서는 저소득 지위를 벗어난다.

이러한 개인 근로소득 분포와 가족 근로소득 분포를 국가 간에 비교하는 예시적 분석에 따르면 우리나라에서는 개인 근로소득의 분포가 매우 불평등하게 이루어져 있으나, 개인들이 가족 단위로 결합하는 정도가 높고 여성배우자 소득이 남성가구주 소득 격차를 완화하는 기능도 상대적으로 강하여 가족이 소득불평등을 크게 완화하고 저소득층을 줄이는 역할을 한 것으로 보인다.

2. 소득 분배 악화와 가족 변화의 관계

앞에서는 소득 분배에서 가족의 역할을 검토하여 우리나라의 경우 가족이 소득 분배를 개선하는 기능이 매우 강하게 작용하고 있음을 보았다. 그렇다면 이러한 가족의 소득 분배기능은 앞으로도 지속 가능할까? 이를 알아 보기 위해서는 1990년대 중반 이후 소득 분배가 악화되는 시기에 가족의 역할이 어떠했는지 살펴보는 것이 필요하다. 여기에서는 25-64세의 근로연령대 가구주가 있는 가구를 대상으로 1990년 중반 이후 한국의 소득 분배 변화에서 가족의 소득 분배기능이 어떠한 변화를 겪었는지 분석해 보고자 한다.

먼저, 근로연령대 가구의 가족소득 분배 상태가 1996년에서 2011년 사이에 어떤 변화를 겪었는지 살펴보는 것으로 시작하자. 가족소득은 가구주와 배우자의 근로소득을 합한 것으로 정의한다. 이는 가족 변화와 소득 분배 악화의 관련성을 분명하게 보기 위해서이다. 그런데 가족소득을 이렇게 정의할 경우 다른 가구구성원의 소득이나 재산소득, 정부의 소득이전 등이 가족소득에서 제외되는데, 근로연령대 가구의 경우에는 이들 소득의 비중이 크지 않기 때문에 소득 분배 상태를 파악하는 데에서도 큰 차이가 나지는 않을 것으로 보인다.

〈표 3〉을 보면 대상 가구에서 근로소득 중위값은 1996년 1,767만 원에서 2011년 2,000만 원으로 증가한 것을 알 수 있다. 중위 소득은 1990년대 후반 아시아 외환위기 기간 감소했다가 2000년대를 거치며 다시 증가세를 보였다. 이렇게 중위 소득은 증가하였지만 소득 분배는 악화되었다. 이 기간 소득불평등도가 크게 악화되었음을 알 수 있다. 상위 소득층에서의 변화에 민감한 불평등지수인 변이계수는 0.74에서 0.91로 증가하였고, 중간층 사이의 변화에 민감한 지니계수는 0.33에서 0.40으로 증가하였다. 빈곤율도 1996년 14.4%에서 2011년 19.0%로 크게 증가하여 하위 소득층의 지위가 크게 하락하였음을 알 수 있다.

이러한 가구 근로소득 분배의 악화 추이를 설명하는 중요한 요인으로는 우

〈표 3〉 가구 근로소득 분배의 추이

(단위: 만 원/년)

지표/연도	1996	2011
중위 소득	1,767.53	2,000.00
변이계수	0.74	0.91
지니계수	0.33	0.40
빈곤율	14.37	18.99

주: 1. 분석 사례는 1996년 20,915 가구, 2011년 14,522 가구이며 표본가중치를 적용, 분석함
    2. 가구 근로소득은 가구주 및 배우자 근로소득의 합을 전체 가구원 수로 균등화하였으며,
       1996년 소득은 소비자물가지수(CPI)를 사용하여 2011년 물가로 조정함
자료: 1996 가구소비실태조사, 2012 가계금융복지조사 자료

선 남성 근로소득의 분배 변화를 생각할 수 있다. 다수의 남성이 가구주로서 가구의 주 소득원 역할을 하였기 때문이다. 〈표 4〉의 첫 번째 패널에서는 분석 대상 가구의 남성을 대상으로 1996년과 2011년의 근로소득 분배 상태 조사 결과를 제시하였다. 이 기간 남성 근로소득의 증가 정도는 미미하여 중위소득 수준이 연 3,000만 원 정도에서 정체되어 있다. 남성 근로소득이 가구 근로소득에 비해 높은 수준으로 나타난 것은, 남성 근로소득은 개인소득으로 제시한 반면, 가구 근로소득은 가구 규모를 반영하여 조정한 소득으로 제시하였기 때문이다. 이 기간 변이계수는 0.78에서 0.99로, 지니계수는 0.34에서 0.41로 증가하여 불평등 악화 추이가 가구소득에서 나타난 양상과 상당히 유사하다. 빈곤율 변화도 가구 근로소득의 경우와 유사하여 15.2%에서 17.4%로 증가하였다.

〈표 4〉의 나머지 패널에서는 1996년과 2011년 시기 주요한 가족 특성에 대한 통계치를 제시하였다. 우선, 분석 대상 가구의 가구주 혹은 배우자인 여성을 대상으로 구한 경제활동 참가율을 보자. 〈표 4〉에 따르면 여성의 경제활동 참가율은 1996년 48.8%에서 2011년 53.2%로 4.4%p 정도 증가하였다. 가구주 여성의 경우에는 1996년 82.8%로 이미 매우 높은 수준을 보였으나 2011년까지 다시 2.9%p 정도 증가하였다. 배우자 여성의 경우에는 1996년 41.4%의 낮은 참가율을 보였고 2011년까지 3.4%p 정도의 증가를 보였다. 배우자 여성 경제활동 참가의 수준이나 증가 정도는 서구 국가들에 비해 상당히 낮은 상태임을 알 수 있다.

이 기간 가족 구조의 변화는 매우 현저하였다. 부부가구는 줄어들고 단독 성인가구(한부모가구 포함)는 늘어나는 가족 구조의 변화가 두드러진다. 1996년에는 부부가구가 81.9%를 차지하였고 성인 단독가구는 18.1%를 차지하였다. 그런데 2011년에는 부부가구가 72.7%로 줄었고 성인 단독가구는 27.3%로 늘었다. 또 부부가구 내에서의 변화도 현저하였다. 불과 15년의 기간에 아동(19세 이하)을 양육하는 부부가구의 비율은 62.7%에서 46.1%로

<표 4> 가족소득 분배와 관련된 가족 특성

구분/연도	1996	2011
남성 근로소득 (만 원/년)		
– 중위 소득	2,964.24	3,000.00
– 변이계수	0.78	0.99
– 지니계수	0.34	0.41
– 빈곤율	15.21	17.37
여성 경제활동 참가율	48.75	53.21
– 가구주만	82.75	85.67
– 배우자만	41.37	44.75
가족 구조	100.00	100.00
– 아동부양 부부	62.70	46.14
– 아동미부양 부부	19.18	26.55
– 단독 남성가구주	7.32	12.37
– 단독 여성가구주	10.80	14.93
가구주 특성		
교육 수준	100.00	100.00
– 고졸 미만	30.55	17.76
– 고졸	41.83	36.78
– 대입(전문대 포함) 이상	9.20	14.69
– 4년제 대졸 이상	18.42	30.78
연령	100.00	100.00
– 25~29세	10.52	3.78
– 30~39세	37.51	24.51
– 40~49세	28.46	34.37
– 50~64세	23.51	37.35

주: 1. 분석 사례는 1996년 20,915 가구이며, 2011년은 14,522 가구임
  2. 분석 대상은 근로연령대(25~64세) 가구주 및 배우자로 하였으며, 표본가중치를 적용, 분석함
  3. 남성 근로소득은 가구주 또는 배우자 지위 관계없이 남성인 경우의 근로소득을 의미하며, 2011년 가격으로 조정함. 분석 사례는 1996년 18,653 가구이며, 2011년 12,363 가구임
자료: 1996 가구소비실태조사, 2012 가계금융복지조사 자료

16.6%p 줄었고, 아동 없는 부부가구가 19.1%에서 26.6%로 7.5%p 늘었다. 부부가구의 축소, 특히 아동을 부양하는 부부가구의 축소로 요약되는 이러한 가족 구조의 변화는 결혼과 출산을 지연하거나 포기하는 인구가 늘어나는 세태를 반영하는 것이다. 이는 여성의 독립적인 경력 추구가 강화되면서 전통적인 남성생계부양자 가족모델이 힘을 잃고 가부장주의적 가족규범도 약화되고 있음을 보여 주는 것이다. 이것은 개인 근로소득 분배 악화를 완화하는 가족의 역할이 과거와 같이 지속되기는 어려움을 시사한다.

가구주 특성도 큰 변화를 보였다. 고졸 미만 학력자가 크게 줄었고 대신에 4년제 대졸자가 12.4%p 증가하였다. 한편 가구주 연령은 크게 고령화되어 50대 이상이 13.8%p나 증가하였고 40대 미만은 20%p 가까이 감소하였다. 학력 수준의 향상은 소득 분배 개선의 요인으로 작용할 가능성이 있으나 고령층의 증가로 요약되는 연령의 변화는 소득 분배를 악화하는 요인으로 작용할 것으로 보여 가구주 특성 전체의 변화에 대해서는 예상하기가 어렵다.

이제 이러한 가족의 변화가 1990년대 중반 이후 소득 분배 악화에 어떤 영향을 미쳤는지 실증분석으로 넘어가 보자. 여기에서는 1996년과 2011년 두 시점 사이의 가구 근로소득 분배 악화에 여성 경제활동 참가 증가와 가족 구조 변화가 미친 영향을 중심으로 살펴보며, 이와 함께 남성 근로소득 불평등 변화와 가구 특성 변화가 미친 영향을 분석한다. 불평등 요인을 분석한 국내 연구 중 일부는 남성 근로소득 불평등 변화가 소득불평등 악화의 주요 요인이고 배우자 경제활동이 불평등 완화에 기여하였다는 연구를 보고하였다(강신욱·김현경 2016; 장지연·이병희 2013). 다른 연구는 고령화 요인을 강조하기도 한다(홍석철·전한경 2013). 여기에서는 남성 근로소득, 여성 경제활동, 가족 구조, 가구주의 연령과 교육 수준 등 각 요인들의 변화가 분석 기간 동안 소득 분배 변화에 미친 기여도를 평가한다. 이를 위해 본 연구에서는 관찰된 소득 분배 추이와 분석 대상인 특정 요인만 변화하지 않은 가상적 상황(counterfactual)에서의 소득 분배 추이를 비교하는 방법을 이용하였다.

두 시기 사이 가구 단위 소득 분배 변화에서 중요한 영향을 미치는 요인으로는 남성 근로소득 분배 변화를 꼽을 수 있다. 가구주 남성 근로소득 분배 변화의 영향을 보기 위해서는 우선 다른 모든 요소는 2011년 실제 소득 분배 상태와 같지만 남성 근로소득 분배는 1996년 상황을 따른다고 가정한 가상적 소득 자료를 구성한다.[5] 다음으로 이렇게 구축된 가상적 자료의 소득 분배 상태와 2011년 실제 소득 분배의 차이를 구한다. 이 소득 분배 차이분이 1996년과 2011년 소득 분배의 전체 차이 중 차지하는 비율이 남성 근로소득 불평등 변화가 전체 소득 분배 변화에 기여한 정도를 나타낸다.

다음으로 여성 경제활동 참가 증가가 1996년과 2011년 사이 소득 분배 변화에 미친 기여분을 분석한다. 또 2011년 상황에서 남성 근로소득 불평등만 1996년 상태로 바꾼 가상적 소득 분배와 여기에 추가하여 여성 경제활동 참가까지 1996년 상태로 변화시킨 가상적 소득 분배의 차이가 여성 경제활동 참가 증가의 영향을 나타낸다. 또 2011년 상황에서 남성 근로소득 불평등과 여성 경제활동 참가만을 1996년 상태로 변화시킨 가상적 소득 분배와 여기에 추가하여 가족 구조까지 1996년 상태로 변화시킨 소득 분배의 차이를 가족 구조 변화의 영향으로 본다. 그리고 2011년 상황에 남성 근로소득 불평등과 여성 경제활동 참가, 가족 구조를 1996년 상태로 조정한 가상적 소득 분배와 여기에 가족 특성까지 1996년 상태로 조정한 후 소득 분배의 차이를 가족 특성 변화의 영향으로 본다.[6] 마지막으로 2011년 상황에 남성 근로소득

---

[5] 2011년의 남성 근로소득 분배가 1996년 상황을 따르는 자료의 구축은 서열 유지 교체법(rank preserving distributional exchange)을 이용한다(Burtless 1999). 이 방법에서는 1996년과 2011년 양 시기 가구주 남성의 소득 서열을 구하고 2011년 특정 순위에 있는 가구주 남성의 소득을 1996년 해당 순위 가구주 남성의 소득으로 교체하는 방식으로 두 시기의 가구주 남성 소득 분배 상태를 조정한다.

[6] 본 연구에서 여성 경제활동 참가 증가, 가족 구조 변화, 가구주 특성 변화 등의 가족 특성이 소득 분배 변화에 미친 기여도를 평가하기 위해서는 각 특성요인이 변화하지 않은 가상적 상황에서의 소득 분배를 구성해야 한다. 이를 위해서 각 연도에 해당 특성요인이 발생할 조건확률(conditional probability)을 추정하고 두 연도 사이에 조건확률을 조정하는 방법을 이용한다. 경제활동 참가는

불평등과 여성 경제활동 참가, 가족 구조, 가족 특성을 1996년 수치로 조정한 가상적 소득 분배와 1996년의 실제 소득 분배의 차이를 네 가지 요인 이외의 나머지 관찰되지 않은 요인들의 영향으로 본다.

이제 이러한 분석방법을 1996년과 2011년 두 시점 자료에 적용하여 분석한 결과를 살펴보자. 〈표 5〉의 첫째 열에서는 이 관찰 기간 동안의 변화분 전체를 제시하였고 나머지 열에서는 각 요인들의 기여분과 전체 변화분 중 기여분의 비율(각 괄호 안의 수치)을 제시하였다. 마지막 열에는 소득 분배 변화분 중 이들 요인으로 설명되지 않은 부분을 제시하였다.

먼저, 남성 근로소득이 미친 영향을 보면, 가구 근로소득 중위값 증가분의

〈표 5〉 가구 근로소득 분배 변화의 요인 분해, 1996-2011.

지표	총 변화량	영향 요인				
		남성 근로소득	여성 경제활동	가족 구조	가구주 특성	나머지
중위 소득	232.469	153.519 (0.66)	20.982 (0.09)	-35.844 (-0.15)	132.135 (0.57)	-38.323 (-0.16)
변이계수	0.174	0.075 (0.43)	-0.031 (-0.18)	0.021 (0.12)	0.079 (0.45)	0.029 (0.17)
지니계수	0.075	0.040 (0.53)	-0.003 (-0.04)	0.022 (0.30)	0.013 (0.17)	0.003 (0.03)
빈곤율	4.620	2.390 (0.52)	-0.550 (-0.12)	2.700 (0.58)	0.230 (0.05)	-0.150 (-0.03)

주: 1. 분석 사례는 1996년 20,915 가구이며, 2011년은 14,522 가구임. 표본가중치를 적용, 분석함
　　2. 가족 구조는 '아동부양 부부가구, 아동미부양 부부가구, 단독 남성가구주가구, 단독 여성가구주가구'의 4가지로 구분하였고, 가구주 특성은 가구주의 연령과 교육 수준을 교차하여 구성함
자료: 1996 가구소비실태조사, 2012 가계금융복지조사 자료

가족 구조와 가구주 특성의 조건확률로, 가족 구조는 가구 특성의 조건확률로 추정하였다. 이에 대해서는 DiNardo, Fortin and Lemieux(1996), Daly and Valletta(2006)를 참조하였고 Ku, Lee, Lee and Hahn(forthcoming)에서 자세한 설명을 제시하였다.

66%를 보아 가구소득 증가에 크게 기여하였음을 알 수 있다. 하지만 남성 근로소득은 변이계수 변화의 43%, 지니계수 변화의 53%, 빈곤율 변화의 52%를 설명하는 등 이 기간 소득 분배 악화에도 가장 크게 기여한 요인으로 나타났다. 다음으로 최근 연구들에서 논란을 보인 여성의 경제활동 참가 증가는 이 기간 사이에 중위 가구소득을 9% 정도 증가시킨 한편 소득 분배를 개선하는 영향을 미친 것으로 나타났다. 변이계수의 경우에는 전체 변화분의 18%를 감소시키는 영향을 미쳤고, 지니계수는 전체 변화분의 4%를 감소시키고 빈곤율에서는 전체 변화의 12%를 감소시키는 영향을 미쳤다.

가족 구조 변화는 소득 증가에 부정적인 영향을 미치고 소득불평등과 빈곤 증가에 큰 영향을 미친 요인으로 나타났다. 그리고 변이계수 증가의 12%를 설명하였지만, 지니계수 변화의 30%, 빈곤율 변화의 58%를 설명하여 중간층 이하 집단의 소득 분배를 악화시키는 데에 큰 영향을 미친 것으로 보인다. 성, 연령의 가구주 특성 변화는 중위 소득을 증가시켰지만 소득 분배는 악화시키는 요인으로 작용한 것으로 보인다. 중위 소득 증가의 57%를 설명하였는데 이는 주로 교육 수준의 향상을 반영한 것으로 짐작된다. 한편 가구주 특성 변화는 변이계수 증가의 45%를 설명하였으나 지니계수 변화에는 17%, 빈곤율 변화에는 5%의 영향을 미쳐 상대적으로 고소득층 사이의 소득 분배에 영향을 미친 것으로 보인다.

이상의 네 가지 요인들은 가구 근로소득 중위 소득과 분배 변화의 대부분을 설명하였다. 설명되지 않은 부분들이 중위 소득의 경우 −16%, 변이계수의 경우 17%, 지니계수의 경우 3%, 빈곤율은 −3%로 대체로 낮은 수준을 보였다.

지금까지의 분석을 통해서 지난 1990년대 중반 이후의 소득 분배 변화에서 남성 근로소득 악화와 연령, 교육 수준 등의 가구주 특성 변화가 중요한 악화 요인으로 작용하였음을 보았다. 한편 여성의 경제활동 참가 증가는 다소나마 소득 분배를 개선하는 방향으로 작용하였지만, 성인 단독가구의 증가와 부부가구의 감소로 특징지어지는 가족 구조의 변화는 소득 분배를 상당히 악화시키는 방향으로 작용하였다. 이 두 가지 가족 특성의 변화를 비교하면 가족 구조 변화의 영향이 더 큰 것으로 나타나 이 시기에 가족 변화가 소득 분배를 악화시키는 방향으로 작용하였다고 볼 수 있다. 이러한 결과를 앞 장의 분석과 관련지어 보면, 우리나라에서 강력한 가부장주의 문화에 기초한 남성생계부양자 모형이 지배적인 가족관계는 산업화 시기 소득 분배를 개선하는 강력한 기능을 하였지만 이제 이러한 가족관계가 약화되면서 소득 분배 개선기능도 약화되고 있다는 결론에 이르게 된다.

Ⅳ. 결론

우리나라에서는 1960년대에서 1980년대에 이르는 산업화 시기 중 많은 기간, 특히 1980년대에는 소득 분배가 개선되는 모습을 보였지만, 1990년대 이후에는 소득 분배가 매우 빠르게 악화되었다. 본 연구는 근로연령대 가구를 대상으로 하여 노동시장과 가족의 역할에 초점을 맞추어 소득 분배 악화의 요인을 밝히고자 하였다.

1990년대 중반 이후 소득 분배 악화에는 무엇보다도 노동시장에서 이루어진 개인 근로소득 분배가 크게 악화된 점이 중요하게 작용하였다. 즉, 학력 간 임금 격차의 증대와 함께 중소기업과 대기업 사이의 임금 격차 확대, 비정규 고용의 확산 등으로 인한 노동시장의 분절화가 개인 근로소득 분배 악화에 영향을 미쳤다. 1990년대 전반을 거치면서 개인 근로소득 분배 추이는 개선에서 악화로 반전되었는데 여기에는 대기업들의 경영전략이 외형적 성장 추구에서 단기적 비용절감으로 변화한 것이 중요한 계기로 작용하였다. "대기업들이 품질에 중요한 영향을 미치는 핵심 공정에서만 직접 고용을 유지하고, 인건비가 관건이 되는 범용 공정은 중소 하도급 업체에 외주를 주는 간

접 고용방식으로 전환하게 된 것이 대기업-중소기업 간 격차와 노동시장의 이중구조를 심화시켰다"(김상조 2015). 이러한 경영전략 변화는 정부의 세계화 추진과 맞물려 진행되었고 당시부터 임금 격차 증대를 억제하는 정부의 임금규제기능이 힘을 잃었고 노동시장 유연화가 유행어로 등장하였다. 이러한 변화의 결과 우리나라에서는 서구처럼 상위 소득층 사이의 임금 격차가 증가하였을 뿐만 아니라 하위 소득층의 지위가 심각하게 하락하였다.

우리나라에서 가족은 개인 근로소득을 널리 공유하는 기제로 작동하여 소득 분배를 개선하는 역할을 하였다. 가부장주의적 남성생계부양자 모델이 가족의 지배적인 형태로 정착하면서 서구와는 달리 한부모가구의 비율은 작고 부부가구의 비중이 높은 가족 구조가 유지되었으며, 여성 경제활동 참가는 저소득층 중심으로 이루어져 가족 단위의 소득 분배 실태는 개인 단위의 소득 분배보다 훨씬 평등한 양상을 띠었다. 그러나 1990년대 중반 이후로는 이러한 가족적 유대의 소득 분배기능도 약화되는 경향이 있어 소득 분배 악화에 기여하였다. 성인 단독가구 증가로 특징지어지는 가족 구조의 변화는 소득 분배를 크게 악화시키는 요인으로 작용하였음이 확인되었다. 여성 경제활동 참가 증가의 영향에 대해서는 국내 연구에서 상이한 발견이 보고되어 왔다(구인회 2006; 이철희 2008; 여유진 외 2013; 김수정 2013; 장지연·이병희 2013; 최바울 2013). 본 연구의 결과는 1990년대 중반 이후 여성 경제활동 참가 증대가 소득 분배를 개선하는 방향으로 작용하였으나 그 영향이 크지 않았음을 보여 준다.

그런데 이러한 가족 변화의 분배 효과는 근로연령대 가구에 국한된 것으로서 노인가구를 포함하여 생각할 경우 그 양상은 크게 달라진다. 지난 20여년간 노인의 세대구성에서 놀라운 변화가 일어났다. 인구센서스에 따르면 1995년에는 노인 중 65% 정도가 성인자녀와 동거 상태에 있었으나 2010년에는 그 비율이 31%로 줄어들었다. 반면에 노인 독거가구의 비율은 16%에서 34%로 크게 늘었다(통계청 2014). 이러한 노인의 세대구성 변화는 노인 빈곤 악화의 주요한 원인이었다(Ku and Kim 2017). 이러한 노인의 가족 변화를 근로연령세대의 가족 변화와 함께 생각할 경우, 우리 사회에서의 가족 변화가 소득 분배를 악화시키는 요인으로 등장하였음을 알 수 있다.

소득 분배 추이에는 노동시장과 가족 이외에도 정부의 정책이 큰 영향을 미칠 수 있다.—본 연구의 분석에 포함하지는 않았지만, 여기에서는 정부 정책의 영향을 더욱 확연하게 보기 위해 노인 소득 분배와 관련된 정책까지 포함하여 살펴보자.—다른 동아시아 국가들처럼 한국은 역사적으로 복지 지출에 매우 인색하였다. 동아시아에서는 제2차 세계대전 이후 냉전적 국제질서하에서 보수적 엘리트들이 권위주의적 국가기구를 통해 노동자세력을 극단적으로 배제하고 농지개혁 등으로 소농세력을 통합하는 전략으로 지배체제를 구축하였다(Deyo 1989). 이러한 현상은 같은 시기 서구 국가들에서 노동조합과 사회민주주의정당이 권력지분을 크게 차지하여 복지국가를 본격적으로 발전시킨 역사와 대비되는 것이다. 한국은 권위주의적 정부가 노동배제전략을 토대로 재벌대기업 중심의 산업화를 추진하였고, 이러한 과정에서 발전주의적 보수주의 복지체제의 토대가 마련된다.[7] 이러한 보수주의 복지체제는 1980년대 후반 민주주의로의 이행을 계기로 변화하기 시작하였다. 특히 외환위기를 맞은 1990년대 후반 이후 개혁적 정부들은 국민연금, 건강보험, 실업급여 등 사회보험을 확충하였으며, 국민기초생활보장제도 등의 도입을 통해 빈곤층에 대한 지원에도 노력을 기울였다. 또한 지난 10여 년간 기초노령연금의 도입과 기초연금으로의 개편, 장기요양보험의 도입과 영유

---

7) 이 보수주의 복지체제는 보수적 지배세력이 소농, 자영자 등 중간층을 통합하고 노동자를 배제한 세력관계 위에 서 있다는 점에서 보수층과 노동자가 경쟁, 연합과정에서 형성된 유럽 보수주의체제와 다르다. 또 유럽의 보수체제가 조합주의적 기초 위에서 관대한 복지급여를 발전시킨 것과는 달리, 한국의 보수적 복지체제는 발전국가 주도로 성장주의적 정책을 유지한 특성을 보인다. Kwon(1997)과 Holiday(2000) 등은 발전주의 복지체제 논의에서 한국이 발전주의(생산주의) 복지체제라는 서구와는 다른 유형의 복지체제에 속한다고 보았다. 본 연구에서는 한국과 일본 등 동아시아 국가들에 나타난 복지체제를 후발산업국가에 나타난 보수주의 복지체제의 한 형태로 본다.

아보육서비스에 대한 재정 지원의 확대 등으로 소득 보장과 사회서비스 확충을 계속하였다.

1990년대 후반부터 본격화된 복지개혁의 성격에 대해서는 많은 논란이 있어 왔다. 일부에서는 당시 복지 확장과 함께 이루어진 노동시장 유연화와 비정규 고용 증대를 강조하여 신자유주의적 개혁으로 규정하는가 하면(손호철 2005), 다른 쪽에서는 복지개혁을 통해 한국의 복지국가가 이전의 생산주의적 복지체제를 탈피하였다는 주장도 나타났다(Kim 2008). 본 연구는 1990년대에 전개된 신자유주의적 전환에도 불구하고 한국 발전주의체제에서 국가 주도성은 여전히 강력하다고 본다. 또 민주주의의 진전 속에서 표출된 중간층의 복지욕구가 일부 반영되어 복지 확충이 이루어졌지만, 한국 복지체제의 노동배제적 보수체제로서의 성격은 크게 변화하지 않았다고 본다. 이러한 보수적 복지체제의 경로의존적 발전의 결과 여전히 사회보장의 수준이 미흡하고, 사회보장의 확대가 안정된 고용 부문의 노동자를 중심으로 이루어져 노동시장 주변부의 노동자들은 사회보장에서 배제되는 사회보장의 양극화가 극복되지 못하고 있다. 이와 함께 의료, 교육, 주거 등 시민의 평등한 기본권이 보장되어야 할 필수적 소비영역에서 민간의존적 사회서비스체계가 자리 잡으면서 서비스 이용에서도 계층 간 격차가 확대되었다. 그리고 불평등이 증대하고 빈곤이 악화되었으며 저출산이 지속되고 자살률이 치솟았다.

무엇이 문제였는가? 무엇보다도 그간 정부의 사회지출이 빠르게 늘었음에도 불구하고 시민의 삶의 질을 개선하기에는 턱없이 모자란 것이었음에 대해 뼈아픈 반성이 필요하다. Ⅱ장에서 보았듯이, 우리나라는 가구의 시장소득 분배에서는 국제적으로 보아 매우 평등한 편이나 정부의 재분배기능이 매우 미흡하여 가처분소득의 분배에서는 불평등한 나라이다. 이러한 미약한 재분배기능은 공적 노령연금과 실업급여, 건강보험, 국민기초생활보장제도 등 핵심적인 소득보장제도를 적극적으로 확장하지 못하여 생긴 것으로 보아야 할 것이다. 이러한 점에서 볼 때 기초연금의 급여 인상과 국민연금 개선,

실업급여 개혁, 건강보험 보장성 강화, 국민기초생활보장제도 부양의무자 기준의 폐지 등 새 정부가 천명한 정책 과제는 매우 적절한 것으로 판단된다.

그런데 이러한 정부 재분배기능의 강화를 추진하는 데에서 원칙적 방향을 세우는 것이 중요하다. 보편/선별주의 논쟁, 보육 지원의 확대, 기초연금 확장 등을 둘러싼 논란을 통해 공공부조를 통한 빈곤 해소만이 아니라 중산층의 욕구 충족을 위한 정부의 역할 확대가 중요함을 확인하였다. 이러한 소득보장 욕구를 충족하는 데에서 기존의 사회보험 확충 노력은 한계를 보였고 보육 지원, 기초연금, 새로 도입되는 아동수당 등 조세에 기반한 보편주의적 제도가 큰 지지를 얻었고 그 효과도 일부 확인되고 있다(Lee, Ku and Shon 2017). 이러한 보편적 제도는 기존의 이중화된 노동시장에서 안정된 고용상태에 있는 근로자층에 혜택을 집중하고 주변 부문 노동자는 혜택에서 배제되는 기존 사회보험에 비해 더 형평성 있는 접근으로 볼 수 있다. 그러나 이렇게 확장된 보편적 제도가 사회보험 기능을 대체할 것으로 기대하기는 어렵다.[8] 특히 이러한 보편적 프로그램은 지난 10년간 다양한 영역에서 분출한 중산층의 복지욕구를 충족시키는 데에는 한계가 분명하다.

이러한 점에서 우선 소득비례적 사회보험의 확충으로 중산층의 욕구 충족을 공적 제도에서 통합적으로 해결한 유럽 복지국가들이 불평등 완화에 성공한 경험을 유념할 필요가 있다(Esping-Andersen 1990). 사회보험의 보장성을 높여서 중산층의 소득보장 욕구를 공적인 영역에서 충족시키는 것이 매우 중요하다(김연명 2015). 아울러 의료, 교육, 돌봄 등 기본권의 평등이 실현되어야 할 영역에서 공공의 역할을 강화하여 국민의 지출 부담을 줄이면서 질 높은 서비스를 제공하는 노력도 병행되어야 한다. 지금까지 정부는 서비스 제공은 민간을 통해서 하고 정부는 재정 지원을 하는 일종의 민관협력

---

8) 최근 활발히 논의되고 있는 기본소득방안은 사회보험 중심의 기존 복지국가를 극복하는 미래지향적 패러다임으로서 주목되고 있다. 하지만 기본소득의 현실적 방안으로 논의되는 '부분적 기본소득'의 경우에도 사회보험의 지속을 전제하고 있다는 사실 또한 이 점을 보여 준다(서정희 외 2017).

을 통해서 시민의 욕구에 대응해 왔다. 이러한 민관협력적 서비스 확장은 때로는 일자리 창출의 수단으로, 때로는 사회투자적 정책으로 정당화되곤 하였다(이혜경 2015). 그러나 정부의 재정 지원 수준이 미흡한 상황에서 이러한 민관협력방식은 영세한 서비스 제공자에 의존한 전달체계로 귀결되었고, 시민 부담의 증가와 서비스 질의 하락으로 이어졌다. 공공에서의 직접적인 서비스 제공을 대폭 늘려 전달체계를 재편하고 서비스 질을 높이는 노력을 미룰 수 없다.

이러한 소득보장제도의 개선이 지속되기 위해서는 공평과세 정착과 증세를 통해 재정을 확충하는 것이 필수적이다. 지난 시기 소득보장제도의 확충이 미진했던 데에는 재원 마련의 어려움이 기본적인 제약 요인으로 작용하였다. 산업화 기간 정부는 대기업 중심의 재정과 조세체계를 정착시켰고, 기업은 물론 자영업자 등 중간층에 대해서도 감세 지원으로 공적 복지지출 확대를 대신하는 전략을 취했다. 이러한 감세전략은 노동배제적 발전주의전략과 궤를 같이하는 것이고 강력한 노동자세력을 기반으로 한 유럽의 복지국가전략과 대비되는 것이다. 지난 20여 년간 복지 확충에도 불구하고 이러한 감세전략에는 별 변화가 없었고, 그 결과 세금과 사회보장 기여금의 합이 국내총생산에서 차지하는 국민부담률 수준이 국제적으로 매우 낮은 수준이다(강병구 2015). 이렇게 감세전략에 변화가 없는 한 복지 확충 또한 진전되기 어렵다. 이렇게 낮은 조세부담이 정착된 우리나라에서 증세와 복지 확충을 동시에 추진하는 것은 노동에 기반한 복지로의 전환을 위한 핵심 과제이다.

정부의 재분배기능 개선 노력과 함께 시장소득의 분배 개선을 위한 정부의 역할도 강조될 필요가 있다. 본 연구의 분석은 그간 우리나라에서 소득 분배 개선에 큰 역할을 하였던 가족의 기능이 약화되고 있음을 보여 주었다. 이렇게 기능이 약화하고 있는 가족에 대해서 정부는 여러 지원정책을 통해 영향을 미칠 수 있다. 여성 경제활동 참가를 지원하는 정책은 소득 분배 개선에 도움이 될 것이다. 공공의 보육 지원을 확대하는 것은 특히 저소득층 여성의 경제활동 참가를 지원하는 효과적인 정책이 될 것이다. 또한 다양한 가족정책은 가족의 형성과 지속을 도와 소득 분배 개선에도 긍정적인 영향을 미칠 것이다. 하지만 정부의 가족정책 효과에 대해서는 그 한계를 인정하는 것이 필요하다. 단독가구 증가 등 여러 가지 가족 변화는 사회 환경과 가치의 변화를 반영한 것으로서 정부의 정책만으로 역전시키는 데에는 한계가 있기 때문이다.

따라서 시장소득 분배 개선을 위해서는 개인 근로소득의 분배 개선을 위한 정부의 노동시장 개입이 더 중요하다. 지난 20년간 정부는 노동시장 이중구조화를 차단하기 위한 개입에 대해서 매우 소극적이었다. 대기업과 중소기업의 임금 격차 축소나 비정규 고용 제한, 최저임금 인상의 요구는 비용효율성을 추구하는 대기업의 단기적 이익추구전략과 그를 추수하는 정부의 성장주의 논리에 의해 희생되곤 하였다. 특히 규제 완화 등 재벌기업 중심의 성장정책이 지속되면서 경제력 집중은 심화되었고 대기업과 중소기업 간 양극화와 노동시장의 이중구조가 고착되었다(김상조 2015). 이렇게 고임금의 안정된 일자리로 이루어진 대기업 부문과 저임금의 불안정한 일자리로 이루어진 부문으로 노동시장이 분절된 상태에서 근로소득 분배의 급속한 악화가 진행되었다.

이제 우리나라가 민주주의로 이행을 한 지 한 세대가 지났다. 민주주의 정치를 통해 산업화 시기를 지배한 노동배제적 권위주의체제는 과거의 유물이 되었지만, 민주주의의 발전이 사회경제적 차원으로 확장되었는가에 대해서는 부정적인 평가가 지배적이다. 무엇보다도 지난 20여 년간 민주주의 정부 하에서 불평등이 악화되는 모순적 현상이 지속되었다. 재벌대기업으로의 경제력 집중과 대기업과 중소기업의 양극화 구조가 재생산되었고, 노동시장의 분절화가 심화되었으며 복지체제의 보수주의적, 발전주의적 성격에서도 본질적인 변화가 이루어지지 않았다. 이러한 경험은 지난 20년 동안의 민주주의를 '보수적 민주주의', '노동 없는 민주주의'로 규정한 한 정치학자의 진단에서도 확인된다(최장집 2015). 노동에 기반한 복지국가를 발전시키고 노동과 자본 사이의 균형적 자원 분배와 중소기업과 대기업 간의 균형 성장을 이루어 불평등의 재생산 구조를 개혁하는 것이 우리의 과제로 남아 있다.

· 참고문헌 ·

강병구, 2015, "불평등 해소를 위한 세제 개혁," 이정우·이창곤 외, 『불평등 한국, 복지국가를 꿈꾸다』, 서울: 후마니타스.

강신욱·김현경, 2016, "한국의 소득불평등과 빈곤율 변화의 요인별 기여도 분석-1999년과 2008년의 비교," 『한국경제의 분석』, 22(2), 1-31.

구인회, 2006, 『한국의 소득불평등과 빈곤: 소득 분배 악화와 사회보장정책의 과제』, 서울: 서울 대출판부.

김낙년·김종일, 2013, "한국 소득 분배 지표의 재검토," 『한국경제의 분석』, 19(2), 1-50.

김상조, 2015, "재벌개혁이 경제민주화의 출발점," 이정우·이창곤 외, 『불평등 한국, 복지국가를 꿈꾸다』, 서울: 후마니타스.

김수정, 2014, "1990년대 말 경제위기 이후 기혼여성의 경제활동이 가구소득불평등에 미친 영향: 시뮬레이션 방법의 적용," 『조사연구』, 15(1), 93-122.

김연명, 2015, "복지국가, 불평등 해소의 대안인가?," 이정우·이창곤 외, 『불평등 한국, 복지국가를 꿈꾸다』, 서울: 후마니타스.

김영민·김민성, 2013, "여성 임금근로자의 임금불평등과 최저임금," 『고용직업능력개발연구』, 16(2), 79-98.

김유선, 2005, "노동시장의 구조변화와 비정규직," 최장집 편, 『위기의 노동: 한국 민주주주의의 취약한 사회경제적 기반』, 서울: 후마니타스.

남병탁, 2010, "글로벌 아웃소싱이 제조업 임금불평등에 미친 영향," 『경제학연구』, 58(4), 133-156.

박성준, 2000, "금융위기 이후 소득 불균등에 대한 연구," 『노동경제논집』, 23(2), 61-80.

박철성, 2012, "지난 30년간 한국의 임금구조의 변화와 설명," 『노동경제학회 2012년 하계학술대회 자료집』, 10-53.

변창흠, 2015, "기로에 선 주거불평등 문제와 개선 과제," 이정우·이창곤 외, 『불평등 한국, 복지국가를 꿈꾸다』, 서울: 후마니타스.

서정희·김교성·백승호·이승윤, 2017, "한국형 기본소득의 이상적 모형과 단계적 이행방안," 한국 사회보장학회 2017년 춘계 학술대회 발표문.

성재민, 2009, "한국의 임금불평등에 관한 연구," 고려대학교 박사학위 논문.

손호철, 2005, "김대중정부의 복지개혁의 성격: 신자유주의로의 전진?," 『한국정치학회보』, 39(1), 213-231.

손홍엽·김기승, 2013, "대기업과 중소기업의 임금 격차 결정요인," 『경제연구』, 31(4), 63-89.

안정화, 2007, "자본 이동과 노동시장의 변화," 한국노사관계학회 학술대회 자료집, 189-189.

옥우석·정세은·오용협, 2007, "무역구조가 국제 노동분업, 노동수요구조 및 임금 격차에 미치는 영향: 한중 산업 내 무역을 중심으로," 『한국경제의 분석』, 13(3), 73-135.

여유진·김수정·김은지·최준영, 2013, 『여성고용 활성화 방안 연구』, 서울: 한국보건사회연구원.

이원진·구인회, 2015, "소득 분배의 시계열 분석을 위한 한국 소득 데이터의 검토," 『조사연구』, 16(4), 27-61.

이철희, 2008, "1996-2000년 한국의 가구소득불평등 확대-임금, 노동공급, 가구구조 변화의 영향," 『노동경제논집』, 31(2), 1-34.

이혜경, 2015, "사회투자 복지국가로의 새로운 항로," 이정우·이창곤 외, 『불평등 한국, 복지국가를 꿈꾸다』, 서울: 후마니타스.

장영은·이강용·정준호, 2017, "부동산자산과 금융자산의 불평등요인에 관한 연구," 『부동산학보』, 87-101.

장지연·이병희, 2013, "소득불평등 심화의 메커니즘과 정책 선택," 『민주사회와 정책연구』, 23, 71-109.

정이환, 2007, "기업규모인가 고용형태인가," 『경제와 사회』, 73, 332-355.

정이환, 2015, "한국 임금불평등구조의 특성: 국제비교를 중심으로," 『한국 사회학』, 49(4), 65-100.

정준호·전병유·장지연, 2017, "임금불평등 변화의 요인분해: 2006-2015년," 『산업노동연구』, 23(2), 47-77.

정진호, 2011, "최저임금의 실효성 제고," 『노동리뷰』, 40-43.

정진호·황덕순·이병희·최강식, 2002, 『소득불평등 및 빈곤의 실태와 정책과제』, 서울: 한국노동연구원.

조동훈, 2009, "패널자료를 이용한 기업규모간 임금 격차 분석," 『노동정책리뷰』, 9(3), 1-27.

조성재, 2005, "하도급구조와 중소기업노동자의 주변화," 최장집 편, 『위기의 노동: 한국 민주주의의 취약한 사회경제적 기반』, 서울: 후마니타스.

최강식·정진호, 2003, "한국의 학력 간 임금 격차 추세 및 요인분해," 『국제경제연구』, 9(3), 183-208.

최바울, 2013, "부부의 노동소득과 취업상태가 소득불평등 변화에 미치는 효과," 『노동경제논집』, 36(3), 97-128.

최장집, 2015, 『민주화 이후의 민주주의: 한국 민주주의의 보수적 기원과 위기』, 서울: 후마니타스.

통계청, 2014, 『사회조사보고서』.

통계청, 2016, 『사회조사보고서』.

홍석철·전한경, 2013, "인구고령화와 소득불평등의 심화," 『한국경제의 분석』, 19(1), 72-114.

Burtless, G., 1999, "Effects of growing wage disparities and changing family composition on the U.S. income distribution," *European Economic Review*, 43(4), 853-865.

Burtless, G., 2009, "Demographic transformation and economic inequality," In Salverda, W., Nolan, B., & Smeeding, T. M., (Eds.), *The Oxford Handbook of Economic Inequality*, Oxford University Press.

Breen, R., and Salazar, L., 2011, "Educational assortative mating and earnings inequality in the United States," *American Journal of Sociology*, 117(3), 808-843.

Breen, R., and Andersen, S. H., 2012, "Educational assortative mating and income inequality in Denmark," *Demography*, 49(3), 867-887.

Cancian, M., and Reed, D., 1998, "Assessing the effects of wives' earnings on family income inequality," *The Review of Economics and Statistics*, 80(1), 73-79.

Cancian, M., and Reed, D., 1999, "The impact of wives' earnings on income inequality: issues and estimates," *Demography*, 36(2), 173-174.

Chen, W. H., Förster, M., and Llena-Nozal, A., 2013, "Determinants of household earnings inequality: the role of labour market trends and changing household structure," *LIS Working Paper Series*, No. 591.

Daly, M. C,, and Valletta, R. G., 2006, "Inequality and poverty in the United States: the effects of rising dispersion of men's earnings and changing family behavior," Economica , 73(289), 75-98.

Deyo, F.C., 1989, *Beneath the miracle: Labor subordination in the new Asian industrialism*, CA: University of California Press.

DiNardo, J., Fortin, N. M., and Lemieux, T., 1995, "Labor market institutions and the distribution of wages, 1973-1992: A semiparametric approach," National Bureau of Economic Research, No. w5093.

Esping-Andersen, G., 1990, *The three worlds of welfare capitalism*, NJ: Princeton University Press.

Esping-Andersen, G., 2007, "Sociological explanations of changing income distributions," *American Behavioral Scientist*, 50(5), 639-658.

Grubb, D., Lee, J. K., and Tergeist, P., 2007, "Addressing labour market duality in Korea," OECD Social, Employment, and Migration Working Papers, 61.

Holiday, I., 2000, "Productivist welfare capitalism: Social policy in East Asia," *Political Studies*, 48(4), 706-723.

Juhn, C. and Murphy, K. M., 1997, "Wage inequality and family labor supply," *Journal of Labor Economics*, 15(1), 72-77.

Kim, Y-M., 2008, "Beyond East Asian welfare productivism in South Korea," *Policy & Politics*, 36(1), 109-25.

Ku, I. and Kim, C., forthcoming, "Decomposition analyses of the trend in old-age poverty: The case of South Korea," The Journals of Gerontology, Series B: Psychological Sciences and Social Sciences.

Ku, I., Lee, W., Lee, S., and Hahn, K., forthcoming, "The role of family behaviors in determining income distribution: The case of South Korea," *Demography*.

Kwon, H., 1997, "Beyond European welfare regimes: Comparative perspectives on East Asian welfare systems," *Journal of Social Policy*, 26(4), 467-484.

Lee, S., Ku, I., & Shon, B., 2017, "The effects of old-age public transfer on the well-being of older adults: the case of social pension in South Korea," *Journals of Gerontology: Social Sciences*, doi: 10.1093/geronb/gbx104.

McLanahan, S., and Percheski, C., 2008, "Family structure and the reproduction of inequalities," *Annual Review of Sociology*, 34, 257-276.

McCall, L., and Percheski, C., 2010, "Income inequality: New trends and research directions," *Annual review of sociology*, 36, 329-347.

Martin, M. A., 2006, "Family structure and income inequality in families with children, 1976 to 2000," *Demography*, 43(3), 421-445.

Marshall, T. H., 1964, *Class, citizenship and social development*, New York.

Nussbaum, M. C., 2011, *Creating capabilities: The human development approach*, MA: The Belknap Press of Harvard University Press.

OECD, 2015, In it together: Why less inequality benefits all, OECD Publishing.

Oppenheimer, V. K., 1994, "Women's rising employment and the future of the family in industrial societies," *Population and Development Review*, 293-342.

Oppenheimer, V. K., 1997, "Women's employment and the gain to marriage: The specialization and trading model," *Annual Review of Sociology*, 23(1), 431-453.

Ostry, M. J. D., Berg, M. A., and Tsangarides, M. C. G., 2014, Redistribution, inequality, and growth, International Monetary Fund.

Rawls, J., 1999, *A theory of justice: Revised edition*, MA: The Belknap Press of Harvard University Press.

Schwartz, C. R., 2010, "Earnings inequality and the changing association between spouses' earnings," American Journal of Sociology, 115(5), 1524-1557.

Sen, A. 1999, *Development as freedom*, New York: Oxford University Press.

Treas, J., 1987, "The effect of women's labor force participation on the distribution of income in the United States," *Annual Review of Sociology*, 13(1), 259-288.

Western, B., Bloome, D., and Percheski, C., 2008, "Inequality among American families with children, 1975 to 2005," *American Sociological Review*, 73(6), 903-920.

World Bank, 1993, *The East Asian Miracle: Economic growth and public policy*, New York: Oxford University Press.

제2장

한국의 지역불균등발전과 갈등 구조

김용창

I. 서론

우리나라는 지역균형발전정책 전담위원회를 대통령 직속기구로 둘 만큼 이 정책을 아주 중시한다. 물론 정부에 따라 실제로 지역균형발전을 달성하려는 정책 시도와 열정에는 아주 큰 차이가 있다. 지역불균등발전은 산업화와 도시화를 겪는 모든 나라에서 일어나는 일이다. 이러한 지역불균등발전과 불평등 상황을 가장 적나라하게 나타낸 말로는 '파리와 나머지 프랑스의 사막'이라는 표현을 꼽을 수 있다. 1947년 프랑스의 지리학자인 장프랑수아 그라비에(Jean-François Gravier)는 파리의 극단적인 집중과 프랑스의 심각한 지역불균등발전 경향을 일컬어 이렇게 표현하였다. 그는 파리 대도시권이 프랑스의 지역 발전에 생기를 불어넣는 것이 아니라 거꾸로 모든 자원을 빨아들이는 독점 기업집단 같다고 비판하였다.

이러한 지역불균등발전의 지속은 특정 발전지역을 제외한 나머지 국토공간의 사막화를 부채질하고, 국토공간과 생활공간의 심각한 불평등 상황을 초래한다. 그리고 당연히 그러한 지역에서 생활을 영위하는 사람들은 생활개선의 기회를 충분하게 갖지 못하면서 사회적 이동이 제한되고, 삶의 불평등이 굳어질 수밖에 없다. 또한 지역불평등의 심화는 지역 갈등의 소지를 제공하기 때문에 불필요한 사회적 비용 낭비를 초래한다.

그렇다면 한국의 지역불균등발전 패턴과 지역불평등 상황은 어떠하며, 이에 대처하는 정부의 지역정책은 어떻게 변화해 왔는가? 여기에서 '지역' 개념은 사회경제체제의 성격을 파악하기 위한 하나의 관점이자 실체이기도 하다. 관점의 입장에서 보자면, 지역은 관념적 산물의 성격을 강하게 띤다. 지역을 어떻게 구분하는가에 따라서 다양한 차원의 공간적 규모로 지역을 구분할 수 있으며, 동일한 장소와 실상일지라도 상이한 지역과 실상으로 인식될 수 있기 때문이다. 결과적으로 지역 개념과 그 구분은 당대의 사회경제적 상황과 지배적인 담론 상황을 반영한다. 역으로 새로운 지역 개념과 구분 기준을 제시함으로써 기존의 통념적인 인식구조를 바꾸는 계기를 만들 수도 있다. 실체의 관점에서 보면, 지역은 사람과 사회경제활동이 존재하기 위한 기본 환경을 제공한다. 그렇기 때문에 사회적 지위와 계층이 다르고, 상이한 사회경제활동임에도 같은 지역 기반을 갖게 되면 동일한 이해 관계를 형성할 수 있게 된다. 그만큼 지역이라는 관점은 사회경제체제의 실상과 성격을 파악하는 데 색다른 도구를 제공한다. 즉 계급·계층, 경제적 불평등처럼 통념적인 시각에서는 찾지 못하거나 놓치고 있는 숨겨진 실체를 파악할 수 있게 해 준다.

이 글에서는 지역불균등발전을 인식하는 다양한 시각들을 정리하고, 지역불균등에 대처하는 지역정책의 일반 성격이 어떻게 변하고 있는지를 살펴본다. 또한 일반적 관점에서 보았을 때 우리나라의 지역불균등발전 패턴은 어떠한 틀로 바라보아야 하는지, 한국의 지역불균등발전과 불평등 상황이 어떠한지를 살펴본다. 마지막으로 지역불균등발전 패턴을 바로잡기 위한 대안 전략으로서 기회의 지리 확장에 바탕을 두는 공평성장 모델을 제시한다.

II. 지역불균등발전을 바라보는 다양한 시각과 지역정책

1. 지역불균등발전론

불균등발전은 사회경제 부문의 문제이기도 하고, 지역 문제이기도 하다. 불균등발전 개념은 원래 마르크스주의 정치경제학 내에서 만들어졌다. 특히 사회계급들 사이, 생산력과 생산관계 사이, 기업과 기업 사이 등과 같이 사회경제적 관계들을 표현하는 데 중점을 두었다. 이후 사회과학에서 이데올로기적 입장과 상관없이 사회경제 상황을 기술하기 위한 표현으로 광범위하게 사용되고 있다. 지역 문제의 관점에서 보면, 불균등발전을 비교하는 공간적 크기에 따라 지구적 규모, 국가적 규모, 지역적 규모, 구역 단위 규모 등 다양한 공간 단위에서 구분할 수 있다(Hudson 2009; Peck 2017).

마르크스주의에서 불균등발전 개념은 트로츠키가 주창한 불균등결합발전론(uneven and combined development)으로 거슬러올라간다. 그는 영구혁명론의 관점에서 스탈린의 일국 사회주의론과 도식적이고 숙명론적인 자본주의 발전단계 모델을 거부하고, 불균등발전과 결합발전의 공존과 엮임이 역사가 발전하는 일반적인 법칙이라고 보았다. 여기서 결합발전은 서로 다른 발전단계의 여러 과정들이 섞이는 것을 의미하기 때문에 역사지리적 관점을 내포한다. 국제 수준에서는 세계경제의 불균등발전이 이루어지고, 그와 동시에 한 나라의 영토 안에서는 서로 다른 발전수준의 공동체들이 상호

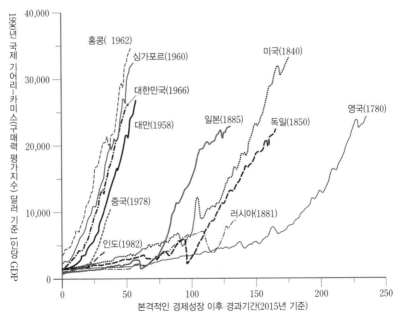

〈그림 1〉 세계경제의 불균등발전: 주요 국가의 경제발전 시작과 지속 기간

출처: Dunford and Liu(2017)

작용하면서 발전한다는 사고방식이다(그림 1 참조). 세계적 규정성과 내부적으로 상이한 발전단계들이 결합하는 과정에서 자연히 긴장과 갈등이 발생한다. 이러한 긴장과 갈등 과정을 토대로 사회발전은 숙명적으로 정해진 길이 아니라 열린 방향으로 나아간다. 트로츠키의 이 개념을 본격적으로 다시 주목한 것은 불균등발전은 국가 단위뿐만 아니라 국가 내부의 공간 단위에서도 작동한다고 인식한 마르크스주의 지리학이었다. 이후 지역불균등에 대한 논의는 대부분 국민국가 단위의 불균등발전보다는 국가 내부의 지역 단위 차원에서 이루어지고 있다(오언 밀러 2010; Dunford and Liu 2017; Peck 2017).

지역 발전을 바라보는 시각과 입장은 아주 다양하다. 크게 보자면 지역불균등발전이 자본주의 경제체제에서 불가피하게 필연적이라고 보는 입장과 균형발전이 가능하다는 입장으로 나눌 수 있다. 지역불균등발전론은 접근방법에 따라 다시 마르크스주의 접근, 제도주의 경제지리학 접근, 불균형성장론 등으로 나눌 수 있다.

먼저 지역균형발전론은 자유주의 주류 경제학 관점에서 지역 발전을 바라보는 입장이다. 이 접근에서는 사람들이 합리적인 행동을 하고, 생산에 필요한 여러 요소들이 시장을 통해 자유롭게 이동한다면, 불균등발전은 일시적 현상에 그치고 지역균형발전이 이루어질 것으로 본다. 자유시장원리가 제대로 작동한다면 노동과 자본은 임금수준과 이윤수준의 차이에 따라 과잉지역에서 부족한 지역으로 이동하기 때문에 지역 간 균형이 이루어진다는 주장이다. 그러나 현실적으로 지역 발전의 수렴현상은 찾아보기 어려우며, 그나마 지역 균형이 일부 가능했던 경우도 시장의 힘보다는 국가가 지역정책을 시행했던 효과로 본다. 그리고 1970년대 중반 이후 지역정책에서 신자유주의 접근이 맹렬하게 부활하였지만 균형발전보다는 오히려 불균형 성장을 심화시켰다(Dawkins 2003; Hudson 2009).

전통적인 불균형성장론은 지역 발전을 자유시장에 그대로 맡길 경우, 바로 그 시장의 힘 때문에 지역 간 불평등과 격차가 더욱 커진다고 본다. 발전지역이 그 성장이익을 주변지역에 확산시키기보다는 유리한 경쟁이점을 토대로 주변부나 배후지의 노동, 자본, 자원을 흡수하여 중심지의 성장과 집중을 더욱 강화시킨다는 논리이다. 이른바 확산효과(spread effect)보다는 역류효과(backwash effect)가 더 우세하게 나타난다고 보는 것이다. 이러한 연장선상에서 노벨 경제학상 수상자인 크루그만(P. Krugman) 역시 이른바 신경제지리학 관점에서 지역불균등발전론을 주장하였다. 그는 전통적인 주류 경제학의 완전 경쟁과 규모에 대한 수확불변의 가정을 완화하여 보다 현실적인 불완전 경쟁과 수확체증의 논리에 기초하여 주장을 설명한다. 그는 경제 전문화를 추구하는 생산클러스터의 지리적 실현, 즉 특정 지역에서 경제활동의 집적과 자기 강화적 메커니즘 때문에 지역불균형이 더욱 심화된다고 설명한다(Christophers 2009; 김광호 2008; 김용웅 외 2014).

제도주의 경제지리학 접근은 1970년대 중반 자본주의경제 위기 이후의 지역 발전 경향을 설명 대상으로 한다. 지역 발전에서 경제주의 접근보다는 시장에서 거래되지 않는 요소들이 중요하다고 본다. 지식, 혁신, 학습, 거래 관계, 생산 공정 네트워크, 호혜적 상호 신뢰, 기업 간 집합적 효율성, 공유자산 등 지역에 고유하게 뿌리내린 비경제적인 제도적·문화적 관계들이 지역경제 성장을 주도하고, 경제 발전의 핵심적인 원동력이라고 본다. 이러한 요소들이 특정 지역에서만 고유한 방식으로 결합하여 만든 집적이점은 일종의 영역화된 경쟁이점, 공간적으로 구조화된 이점이라고 할 수 있다(Moulaert and Sekia 2003; 김용웅 외 2014). 이러한 접근에는 신산업공간론, 신산업지구론, 학습지역론, 혁신환경론, 지역혁신체제론 등 매우 다양한 분파들이 있다. 그러나 공통적인 특징은 경제경쟁력의 지리적 영역화 모델, 경제활동의 네트워크 영역화 모델이라고 할 수 있다.

마르크스주의 지역불균등발전론은 자본주의체제에서 불균등발전이 모든 공간적 규모(scales)에서 만성적인 동시에 필연적이라고 본다.[1] 자본주의에서 지역불균등발전은 예외적인 현상이 아니라 정상적인 현상이며, 경제가치의 증식과 잠식 과정을 통해 한 장소나 공간의 발전은 직·간접적으로 다른 장소와 공간의 저발전과 연계되어 있다고 생각한다. 마르크스, 레닌, 만델 등의 작업에서 암시적인 주장들이 있기는 했지만 마르크스주의 정치경제학 관점에서 본격적으로 지역불균등발전론을 정립한 것은 하비(D. Harvey)의 연구로부터이다. 하비는 노동가치론 관점에서 지역불균등발전의 필연성을 설명한다. 이러한 점이 마르크스주의 지역불균등발전론의 전기를 마련했다는 평가를 받는다. 그는 이윤율 하락을 상쇄하고 공황 국면을 타개하기 위해 자본이 공간적 차별화와 균등화를 이용한다는 논리를 토대로 지역불균등발전의 불가피성을 설명한다. 이러한 관점을 더욱 다듬은 스미스(N. Smith)는 하비가 크게 관심을 두지 않던 '공간적 스케일(규모, scale)'이라는 관점을 도입하며, 공간적 차별화와 균등화의 시소운동으로 자본주의 지역불균등발전을 설명한다. 그에 따르면 젠트리피케이션을 유발하는 도시 내부의 구역 단위 공간규모에서 지구적 규모에 이르기까지 다양한 공간적 규모들에서 불균등발전이 이루어지는 것은 자본주의의 본질적 현상이다. 또한 스미스는 불균등발전의 공간적 규모 자체를 다양하게 생산하는 것도 자본 축적에 필수적인 요건으로 이해한다(Omstedt 2016; Peck 2017; 김용창 2012; 최병두 2015). 그 이유는 다양한 공간적 규모의 생산을 통해서 기존의 공간규모에 견고하게 영역화되어 있던 이해 관계의 결합을 해체할 수 있기 때문이다. 이를 통해 당면한 경제 위기를 헤쳐 나갈 수도 있고, 사회 갈등과 쟁점 및 그 구도를 바꿀 수도 있다.

---

1) 지역불균등발전에 대한 비판적 접근에는 미묘한 차이가 있다. 하나는 지역불균등발전을 자본주의 발전의 지리상 결과물로 인식하는 입장이다. 지리적 공간을 경제 원리의 수동적 반영물로 보는 관점이다. 종속이론, 세계체제론, 국제적 노동분업론, 글로벌 상품사슬론 등이 이러한 입장이라고 볼 수 있다. 반면 지역불균등발전을 자본주의 발전의 적극적인 구성요인으로 보는 관점으로서 지리적 공간을 경제 변동의 능동적 행위자로 간주한다. 주로 마르크스주의 지리학의 지역불균등발전론이 이에 속한다. 가치법칙과 경제적 원리를 강조하는 하비, 스미스의 입장, 구체적 지역의 역사지리적 특

2. 지역정책 성격의 변화

지역발전론에 대한 입장에 따라 불균등발전을 시정하고 공간불평등을 완화시키려는 지역정책 수단도 달라질 수밖에 없다. 한때 세계적으로 신자유주의 도시지역정책론이 대세를 장악한 것 같았지만 이내 한계를 드러냈다. 지금은 지역발전론과 지역정책 모두에서 일정한 방향성을 찾지 못하고 상당한 혼란기에 있다. 제2차 세계대전 이후 1970년대 초반까지 안정적인 자본주의 발전기, 이른바 황금시대(golden age)에는 학문적으로나 정치적으로나 지역정책에서 일정한 합의가 있었다. 바로 낙후지역이나 저성장지역을 정책적으로 배려하는 지역균형발전정책을 시행하고, 이를 통해 지역불평등을 해소하는 것이 가능하다고 보았다(Townroe and Martin 2002).

그러나 1970년대 중반 자본주의 위기 이후, 특히 1980년대 이후 신자유주의 시대의 도래와 더불어 사회경제적 재구조화가 이루어지면서 지역 문제와 지역정책의 성격도 크게 변하였다.[2] 대량생산, 대량소비, 노동생산성 증가와 사회복지 확대를 특징으로 하는 이른바 포드주의 축적체제에서 다품종 소량생산, 유연노동시장, 맞춤형 소비를 특징으로 한 유연적 축적체제로 바뀌었다. 지역발전 패턴도 전문화된 생산 및 서비스 네트워크가 '국지적'으로 발달하는 형태를 취했다. 국토공간이 전반적으로 통합 발전하기보다는 고유의 경쟁력을 확보한 소지역들의 쪽매붙임 형태로 발전하는 경제경관을 이루게 되었다. 이른바 신산업공간, 신산업지구, 혁신지역과 같은 국지적 발전 모델이 각광을 받게 되었다. 지역정책 측면에서 보면 강력한 공간선택성으로

성을 강조하는 매시(D. Massey)의 공간적 노동분업론, 조절이론 접근 등으로 다시 구분할 수 있다.

2) 서구 선진국을 비롯한 주요 산업국가에서 이러한 변화를 가져온 주요 요인을 꼽자면, ① 제조업 기반 경제로부터 탈산업화(탈공업화) 경제로 전환과 서비스 부문의 팽창, ② 정보통신기술 혁신, ③ 생산과정, 노동이용, 서비스공급, 경영관리와 마케팅에서 유연경제체제로 전환, 경제구성요소 전 부문에서 유연화, ④ 세계화와 지역경제 통합, ⑤ 국가 개입과 역할의 재구성을 들 수 있다(Townroe and Martin 2002).

말미암아 국민국가의 통합적 통치라는 정당성은 사실상 포기하는 셈이다.

종래의 전통적인 지역정책은 자본주의 사회경제의 성격이 변함에 따라 지역 문제의 패턴과 성격도 역시 변한다는 것을 파악하지 못했다. 따라서 지역불평등을 완화하는 데 한계를 가질 수밖에 없었다. 전통적인 지역정책은 통합주의적 지역종합계획과 제조업 중심주의에 기반하고 있었기 때문에 새로이 부상하고 있는 유연적 사회경제체제에 부합하기 어려웠다. 새로운 지역정책은 공간 통합 발전을 추구하는 종합계획보다는 성장이 가능한 특정 소지역 중심으로 경제성장을 촉진하는 국지적 지역정책체제(policy localism)로 전환하였다. 그 결과 도시개발공사, 복합용도지역제도, 도시특별대책구역, 사업투자촉진지구 등과 같은 특정 지역 성장 중심의 정책수단들이 대거 동원되었다(Townroe and Martin 2002).

이처럼 신자유주의 도래와 더불어 전후 지역균형발전정책에 대한 합의가 비판의 대상이 되었다. 그 후 새로운 지역정책이 시행되었지만 1970년대 중반 이후 지역불균등발전과 불평등이 유례없이 커지고 있다. 신자유주의 지역정책은 이중적 부정의(injustice)를 낳았다. 하나는 신자유주의 성장이론이 주장하는 것처럼 성장이익의 확산효과를 낳지 못하였다는 것이고, 다른 하나는 경제위기 비용이 놀라울 정도로 한계집단에게 전가되고 있다는 것이다. 자유주의 이데올로기가 주창하는 것처럼 시장원리에 따라 지역정책이 이루어진 것이 아니라 오히려 자본과 성장 중심주의를 추종하는 국가의 공간선택성에 입각하여 특정 공간적 규모와 지역에 특권을 부여한 것이다. 2차 세계대전 후 국가 개입을 바탕으로 성장이익을 재분배하는 지역균형정책 담론, 즉 공간적 케인즈주의(spatial Keynesianism)를 파기하면서 국가의 공간선택성으로 말미암아 지역불균등발전과 지역불평등은 더욱 악화되고 있다(Omstedt 2016). 특히 2007년 서브프라임 금융위기 경험에서 우리가 알 수 있는 것은 금융의 세계화에 따른 지역불균등발전 패턴이 특히 부정의하다는 것이다. 편익은 선택받은 공간이 배타적으로 독점하는 반면, 비용이나 위기의 나쁜 점은 가급적 나머지 지역으로 전가하거나 공유하는 패턴을 보이고 있기 때문이다.

자본주의에서 지역불균등발전이 어쩔 수 없는 것이라면 이를 시정하기 위한 지역정책 또한 응당 뒤따르게 마련이다. 그런데 지역정책 시행에서 가장 우선적인 과제는 지역불균등발전 패턴을 규정하고, 정책개입 지역을 구분·선정하는 일이다. 특히 정책지역을 구분하는 기준을 설정하고, 정부의 지원이 필요한 문제지역(problem regions)을 어떻게 선정하는가가 중요한 쟁점이 될 수밖에 없다. 대부분의 국가에서는 전통적인 지역불평등 상태에 대한 일정한 합의가 있게 마련이고, 낙후지역을 지원하기 위한 정책적 보조를 시행한다. 그러나 이러한 합의도 이른바 신자유주의 시대의 도래와 더불어 변화를 겪게 되면서 국가 지역정책의 우선 순위도 지역균형보다는 경제성장으로 선회하였다. 국가보조금정책도 낙후지역 지원보다는 성장잠재력이 큰 지역을 선호한다. 그리고 특별 사업촉진지역을 설정하며, 지역정책의 공간 단위도 경쟁력이 가능한 규모로 재구성하게 된다.

III. 한국 지역정책의 변화와 불평등의 토대

1. 지역발전정책의 변화와 특성

우리나라 헌법은 특이하게도 지역 발전과 관련한 조항이 많다. 헌법 제23조에서는 재산권을 보장하되 공공복리에 적합하게 행사하도록 규정하고 있고, 35조에서는 환경권과 쾌적한 주거 생활을 보장하게 되어 있다. 119조에서는 균형발전을 위한 소득 분배와 경제민주화 이념을 제시하고, 120조에서는 국토와 자원은 국가의 보호 아래 균형 있는 개발과 이용을 위해 계획을 수립하도록 규정하고 있다. 그리고 122조에서는 국토는 국민 모두의 생산과 생활의 기반이라는 점을 명확히 한 다음, 그러한 국토의 효율적이고 균형 있는 이용·개발·보전을 위해 필요한 제한과 의무를 부과할 수 있도록 하여 지역균형발전정책이 헌법상 의무사항임을 분명히 하고 있다.

이처럼 헌법 차원에서 볼 때, 지역정책은 우리나라 국가 행위에서 가장 중요한 사항에 해당하며, 역대 정부 모두 적어도 명목적으로는 지역균형발전정책을 늘 중심 과제로 삼았다. 광복 이후 그간 우리나라 지역발전정책의 변화에서 시기와 성격에 따라 몇 가지 특징을 찾아볼 수 있다. 먼저 우리나라 지역정책은 국가 주도 경제개발정책의 지원 수단으로 출발했다. 1960년대 이후 1980년대까지는 절대빈곤의 극복, 수출 주도 경제성장, 경제개발 5개년 계획을 뒷받침하기 위한 성격이 강했다. 성장 거점 개발, 국토 하부구조 건설, 국가산업단지, 수출산업단지 조성과 같은 지역정책이 대표적이다. 빠른 경제성장과 더불어 지역 격차, 수도권 집중이 심해지자 경제성장 지원 수단으로서 지역정책의 방향을 틀었다. 1982년 수도권정비계획법 제정을 계기로 경제성장 지원과 더불어 지역균형발전도 중요 목표로 추가되었다. 이후 실질적 지역균형발전의 달성 여부와는 관계없이 역대 정부가 이것을 모두 당면과제로 제시하였다. 이처럼 역대 정부가 지속적으로 균형발전정책을 추진해 왔음에도 불구하고 지역 간 발전 격차는 줄어들지 않고 있다. 수도권과 지방, 발전지역과 저발전지역 간 경제적 격차는 물론 제반 생활서비스 수준의 격차도 극복할 수 없는 구조가 되었다.

지역균형발전정책은 주로 수도권 집중 억제와 산업의 적정 배치를 유도하는 방향에서 이루어졌다. 참여정부가 특히 국정 과제로 설정하여 가장 강력하게 추진하였고, 과거 변방에 머물던 지역 개념과 지역정책을 처음으로 국가의 중심 의제로 격상시켰다. 지역정책의 거버넌스 측면에서는 2000년대 이후 특별법, 특별회계, 특별추진체계(대통령 직속 위원회)라는 3대 기본 구조 위에서 본격적으로 추진되었다. 참여정부는 지역균형발전을 핵심 국정 과제로 제시하였고, 처음으로 '국가균형발전특별법-국가균형발전특별회계-국가균형발전위원회'라는 틀을 확립하여 운영하였다. 그리고 혁신주도형 균형발전을 통한 국가경제의 재도약이라는 비전을 제시하였다. 주요 정책으로 수도기능을 담당하는 행정중심 복합도시 세종시의 건설, 자립형 지방화와 혁신체제 구축을 위한 혁신도시와 기업도시 추진 등을 들 수 있다.

이명박 정부는 지역정책의 기조를 균형발전보다는 경쟁력 강화와 성장에 두었다. 지역의 경쟁력이 곧 국가의 경쟁력이라는 인식 아래 참여정부 말기에 제시되었던 광역경제권 개념을 중심 지역정책 개념으로 도입하였다. 그리고 개별 시도 단위를 넘어선 국제적 비교우위가 있는 전략산업을 육성하기 위한 광역경제권 구상을 추진하였다.[3] 이러한 전환은 당시 주요 선진국에서 글로벌 경쟁력 강화정책의 일환으로 추진하였던 공간적 규모의 광역화 전략을 수용한 것이다. 그리하여 4대강 사업, 뉴타운 사업 등을 추진하였다.

박근혜 정부는 이른바 지역희망프로젝트 기치 아래 생활체감형정책을 구현하기 위해 지역행복생활권 개념을 중심으로 지역발전정책을 추진하였다. 지역행복생활권은 인구, 지리적 특성, 공공·상업서비스 분포 등을 감안하여 중추도시생활권(대도시 중심형, 네트워크 도시형), 도농연계생활권, 농어촌생활권으로 구분하였다. 이러한 계획권역 구분은 이전 정부와 달리 개념적으로 단순한 행정구역 단위가 아닌 기능지역 개념에 입각한 지역정책 추진가능성을 제시하였다고 볼 수 있다. 특징적인 정책으로는 지역발전사업의 주요 거점 지원기관으로 창조경제혁신센터를 설립한 것을 꼽을 수 있다. 이 센터는 정부, 지방자치단체, 지원 대기업이 상호 협업하는 체제로 운영하였다. 이들 센터를 지역경제발전의 핵심 거점으로 활용하기 위한 창조경제 지역전략산업을 시도별로 선정하고, 이들 산업 발전을 저해하는 핵심규제를 해당 지역에 한해 폐지하기 위한 '규제 프리존' 도입을 제안하였다.

---

3) 참여정부는 집권 후반부에 이른바 '5+2 초광역 경제권 구상'을 제시하였다. 5대 초광역 경제권으로 수도권, 중부권, 서남권, 대구·경북권, 동남권 그리고 2대 지역경제권으로 강원권, 제주권을 구성하였으며, 이 구상이 구체화될 경우 행정구역 개편 필요성도 제시하였다.

지역정책의 목표나 중심가치 측면에서 보면 1960년대와 1970년대에는 경제 성장을 체계적으로 지원하기 위한 공업화 기반 조성, 선택적 성장 거점 조

〈표 1〉 시기별 지역발전정책의 주요 목표와 시행정책

시기		주요 목표	주요 정책
1960-1970년대		• 빈곤의 악순환 탈피 • 자립경제기반 구축 • 공업화 기반 조성	• 제1차 경제개발5개년계획 • 제1차 국토종합개발계획(1972-1981년) • 지방공업개발법 제정(1970년) • 공업단지 및 수출산업단지 조성
1980년대		• 성장과 복지의 조화 • 수도권 집중 억제 • 지방 중소도시 육성	• 경제사회발전5개년계획 • 제2차 국토종합개발계획(1982-1991년) • 수도권정비계획법 제정(1982년) • 제1차 수도권정비계획(1984-1996년)
1990년대		• 지방 분산형 국토골격 형성 • 생산적·자원절약형 국토 형성 • 국토환경의 보전	• 제3차 국토종합개발계획(1992-2001년) • 제2차 수도권정비계획(1997-2011년) • 지역균형개발 및 지방 중소기업 육성법 (1994년) • 8개청 3개 기관을 대전청사로 이전
2000년대	참여 정부 (2003-2008)	• 지역균형발전을 통한 국민 통합 • 혁신주도형 발전 • 다극분산형 발전	• 국가균형발전특별법 제정(2004년) • 제4차 국토종합계획(2000-) 및 수정계획 (2006-2020년) • 국가균형발전5개년계획(2004-2008년) • 국가균형발전특별회계 운영 • 세종시, 혁신도시, 기업도시 등 균형정책
	이명박 정부 (2008-2013)	• 지역경쟁력 강화와 삶의 질 향상 • 광역화와 연계협력 활성화 • 특화발전과 지방분권 촉진	• 국가균형발전특별법 개정(2009) • 지역발전5개년계획 수립(2009-2013년) • 광역지역발전특별회계 운영 • 광역경제권·기초생활권·초광역개발권 3 차원 정책 • 광역경제권발전위원회 구성·운영
	박근혜 정부 (2013-2017)	• 지역주민의 정책 체감도 제고 • 행복한 삶의 기회 균등 보장 • 자율적 참여와 협업 촉진	• 국가균형발전특별법 개정(2014) • 지역발전 5개년계획(2014-2018년) 수립 • 지역발전특별회계 운영 • 지역(행복)생활권 및 경제 협력권 도입 • 포괄보조금 확대 등 지역자율성 제고

출처: 지역발전위원회·산업통상자원부 2016, 『2015년도 지역발전계획에 관한 연차보고서』

성과 같이 부족한 자원을 경제 효율성 기준으로 투자하는 데 중점을 두었다. 1980년대 이후에는 불균등발전을 완화시키고자 사회적 형평성, 성장과 복지의 조화, 지방의 공업기반 강화, 지방분권, 환경가치 등과 같은 비경제적 가치들을 새로이 지역정책의 중심 가치로 주목하기 시작하였다. 2000년대 들어서는 초국적 자본주의의 발전과 글로벌 공간통합이라는 지역정책 환경의 급변을 경험하면서 경쟁력 강화와 균형발전의 동시 추진이라는 어려운 과제에 직면하였다. 이에 과거와는 달리 외국의 다양한 지역정책 이론과 개념, 시행 사례들을 적극적으로 수용하고 있다. 그 결과 세계화, 세계도시, 지역혁신체제, 클러스터, 신산업지구, 장소마케팅, 장소브랜드, 유비쿼터스 시티, 스마트 시티, 도시재생 등 서구 선진국의 많은 지역정책과 지리학 관련 개념 및 이론들이 우리나라의 지역정책에 도입되고 있다.

2. 지역불평등의 중심 토대

지역불평등의 실상을 보여 주는 지표는 다양하다. 그러나 지역 발전의 잠재력을 가장 핵심적으로 보여 주는 지표로 인구와 재정을 꼽지 않을 수 없다. 먼저 인구는 지역 자체의 존립 이유이고, 지역의 생활서비스 수요와 공급 정도를 결정하는 가장 중요한 요소이다. 인구가 감소하고 고령화가 빠르게 진행된다는 것은 기초적인 생활서비스의 수요와 공급 기반이 무너진다는 것을 의미한다. 그에 따라 지역의 생활서비스 수준이 전반적으로 하락하면 인구유출, 일자리와 소득 감소, 조세기반 약화, 복지서비스 축소로 이어져 결국에는 해당 지역 경제의 침체와 붕괴라는 악순환을 낳는다.

국토연구원의 분석에 따르면 특별한 정책 대응 없이 현 추세가 이어질 경우, 2013년 거주지역 가운데 2040년에 인구가 증가하는 지역은 29.8%, 인구가 유지되는 지역은 17.3%, 그리고 감소하는 지역은 52.9%로 전망된다. 그리고 산업단지의 경우 1960년대 이후 국가 산업단지와 일반 산업단지는 수

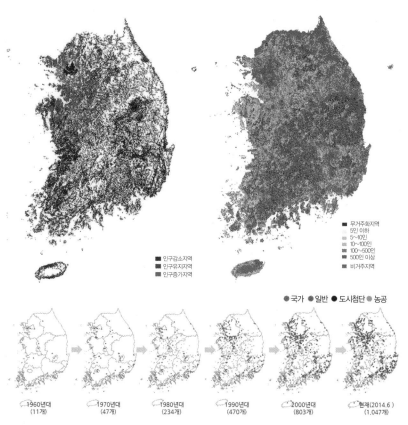

무거주화지역
5인 이하
5~10인
10~100인
100~500인
500인 이상
비거주지역

인구감소지역
인구유지지역
인구증가지역

● 국가 ● 일반 ● 도시첨단 ● 농공

1960년대
(11개)

1970년대
(47개)

1980년대
(234개)

1990년대
(470개)

2000년대
(803개)

현재(2014.6)
(1,047개)

〈그림 2〉 지역인구 전망 및 산업단지 분포 변화

주: 위 지도는 2040년 지역인구 변화 전망(좌), 인구 과소지역 전망(우), 아래 지도는 1960년대 이
후 산업단지 분포 추이
출처: 이원섭 2015, 『미래국토 발전 전략과 정책과제』, 국토연구원 정책세미나

도권, 충청권, 동남권에 집중되는 경향을 보이고 있는데, 2040년에는 이들
전체 산업단지의 39.3%가 노후 상태에 접어들 것으로 추정된다(그림 2 참조,
국토교통부 2015; 이원섭 2015). 이러한 지역인구 변동 추세에서 또 다른 중
요한 점은 청년층의 수도권 및 대도시 집중이 지속되는 것이다. 이들 수도권
과 대도시의 경우는 생활비와 주거비는 비싼 반면에 일자리 경쟁은 아주 치
열한 관계로 역설적이게도 출산율은 청년층 집중에 상응하는 만큼 높아지지

않는 문제에 직면한다. 글로벌 경쟁력 강화를 위한 거대도시화전략의 불가피성, 수도권 규제 완화를 주장하기도 하지만 이러한 역설을 극복하지 않는 한, 결국에는 대도시도 쇠퇴를 벗어나지 못하는 상황을 맞이할 것이다. 이러한 악순환의 인구 변동은 좁은 국토를 그나마 더욱 좁게 쓰는 상황을 낳을 것이다.

　이러한 인구기반과 더불어 지역의 사회경제적 상황을 대변하는 것이자 지역불평등의 토대를 이루는 중요한 요소가 재정기반이다. 특히 토지·주택가격이 중요하다. 지방 재정의 중심이 재산세이고, 재산세의 기반은 토지·주택가격이기 때문이다. 토지·주택가격 수준은 해당 지역의 총체적인 현실 상황을 나타내는 경제적 지표이다. 이론적으로도 토지·주택가격은 미래 해당 자원을 이용하여 얻을 수 있는 현금 흐름의 현재 가치를 보여 주는 것이기 때문에 해당 지역의 발전 전망에 대한 기대 수준을 반영하는 것이기도 하다. 그리고 재산세는 토지와 주택의 가격 수준에 따라서 세금을 부과하는 종가세(從價稅)이기 때문에 지역 발전 정도가 가격 수준과 지방 재정 수준에 그대로 반영된다. 따라서 지역불평등의 심화는 토지·주택가격 격차의 심화와 재정기반의 불평등 확대로 이어지고, 다시 지역경제 투자와 복지 기반의 불평등을 낳고, 그에 따른 지역불균등발전 심화라는 악순환의 고리를 형성한다.

　전국 지가총액은 2010년 개별 공시지가 기준으로 약 3,431조 7,389억 원이며, 수도권은 2,285조 3,406억 원으로 전국의 66.6%를 차지하였다. 2016년의 경우는 전국이 약 4,509조 5,300억 원이며, 수도권은 2,883조 6,086억 원으로 전국의 63.9%를 차지하고 있다. 그리고 아파트, 연립주택, 단독주택 등 주택가격 총액은 2010년의 경우 전국은 1,834조 8,825억 원이었고, 이 가운데 수도권은 1,321조 5,770억 원으로 총주택가격의 72.0%를 차지하였다. 2016년의 경우는 전국 2,472조 7,919억 원, 수도권은 1,564조 9,566억 원으로 수도권 비중이 63.3%이다. 기업도시, 혁신도시, 세종시 등의 건설과 지역균형정책의 효과를 반영하여 토지·주택가격 모두 2010년에 비해 2016년 수

(단위: 백만 원)

<표 2> 지역별 토지주택 공시가격 총액

지역	2010년 토지주택가격 총액						2016년 토지주택가격 총액					
	개별 공시지가	%	공동주택	%	단독주택	%	개별 공시지가	%	공동주택	%	단독주택	%
서울	1,087,034,825	31.7	597,881,148	40.1	110,883,952	32.2	13,505,899	29.9	661,458,354	32.7	123,443,373	27.5
부산	146,199,326	4.3	71,006,083	4.8	18,276,717	5.3	2,037,562	4.5	132,775,843	6.6	21,577,658	4.8
대구	97,369,018	2.8	49,414,204	3.3	15,922,373	4.6	1,322,631	2.9	96,913,656	4.8	20,635,829	4.6
인천	209,239,376	6.1	83,993,019	5.6	11,992,013	3.5	2,653,236	5.9	109,928,814	5.4	14,867,224	3.3
광주	50,979,271	1.5	23,731,013	1.6	6,608,802	1.9	595,845	1.3	47,152,488	2.3	8,181,712	1.8
대전	63,943,161	1.9	32,150,560	2.2	9,587,148	2.8	783,581	1.7	50,081,592	2.5	13,103,940	2.9
울산	46,629,548	1.4	21,604,994	1.4	6,501,756	1.9	797,642	1.8	43,459,916	2.1	12,154,530	2.7
세종	-	-	-	-	-	-	393,410	0.9	10,410,069	0.5	1,912,437	0.4
경기	989,066,384	28.8	441,969,646	29.6	74,857,227	21.8	12,676,951	28.1	558,073,949	27.6	97,185,036	21.6
강원	77,373,258	2.3	15,651,900	1.0	10,331,456	3.0	1,100,955	2.4	25,737,470	1.3	14,572,268	3.2
충북	72,383,135	2.1	18,366,262	1.2	9,287,621	2.7	1,010,228	2.2	33,771,382	1.7	14,255,551	3.2
충남	165,923,709	4.8	27,092,369	1.8	13,314,475	3.9	1,944,542	4.3	45,057,379	2.2	18,818,991	4.2
전북	63,730,398	1.9	19,804,341	1.3	8,183,280	2.4	884,667	2.0	34,167,326	1.7	12,910,335	2.9
전남	69,724,466	2.0	12,590,991	0.8	8,332,644	2.4	975,722	2.2	24,618,925	1.2	11,787,255	2.6
경북	115,123,659	3.4	24,625,759	1.7	15,711,394	4.6	1,637,393	3.6	49,225,181	2.4	24,315,017	5.4
경남	142,967,974	4.2	46,495,995	3.1	19,367,989	5.6	2,195,343	4.9	88,171,798	4.4	31,993,151	7.1
제주	34,051,348	1.0	4,523,895	0.3	4,821,476	1.4	579,683	1.3	12,252,936	0.6	7,820,511	1.7
수도권	2,285,340,585	66.6	1,123,843,813	75.4	197,733,192	57.5	28,836,086	63.9	1,329,461,117	65.7	235,495,633	52.4
합계	3,431,738,856	100.0	1,490,902,179	100.0	343,980,323	100.0	45,095,290	100.0	2,023,257,078	100.0	449,534,818	100.0

자료: 국토교통부, 부동산가격공시에 관한 연차보고서 각 연도.

사회적 갈등과 불평등

도권 집중도가 하락하였다. 그럼에도 토지와 주택가격 모두 63% 이상을 수도권이 차지하여 과도한 수도권 집중과 나머지 지역의 '경제적 사막화'를 그대로 보여 준다. 이러한 결과는 재산 과세에 치우친 지방세제의 틀을 개편하지 않는 한 지방 세입과 지방 세출의 괴리는 더욱 커질 것이고, 지방의 재정 기반 격차 역시 심화될 수밖에 없다. 지방자치단체 간 재정기반과 경제적 격차가 커질수록 지방자치제도의 정상적 운용과 작동은 크게 위협받게 될 것이다(표 2 참조).

이러한 상황에서 지역불평등을 보정하는 장치가 지역정책이고, 그 재정적 지원체계가 지역발전회계이다. 지역발전회계는 「국가균형발전특별법」 제5장 지역발전특별회계 규정에 따라 각 부처가 일반 회계 및 다수의 특별 회계를 통하여 각자 분산적으로 추진하고 있던 다양한 지역사업을 하나의 특별 회계로 통합한 것이다. 2004년 이 법을 제정하면서부터 국가균형발전특별회계를 설치·운영하고 있다. 이후 정권의 변화에 따라 지역 발전 계획권역의 구조가 바뀌는 것에 맞추어 회계의 구성방식에 다소 변화가 있었으나 재정 규모는 약 10조 원 전후로 큰 변화는 없었다. 현재 지역 발전특별회계는 생활기반계정, 경제발전계정, 제주특별자치도계정, 세종특별자치시계정으로 구성되어 있으며, 2015년 예산 규모는 10조 1,234억 원이다.

〈표 3〉 지역발전특별회계(지특회계) 지원 예산은 2015년 기준 약 10조 원

(단위: 억 원)

구분	2010년	2011년	2012년	2013년	2014년	2015년
경제계정(舊, 광역계정)	57,905	58,251	55,470	59,046	55,398	51,927
생활계정(舊, 지역계정)	36,924	36,327	34,656	34,737	34,527	44,981
제주도계정	1,960	3,943	3,836	3,531	3,431	3,622
세종시계정	–	–	–	–	104	704
총계	96,789	98,521	93,962	97,314	93,460	101,234

출처: 지역발전위원회, 지역발전특별회계사업 개요, http://www.redis.go.kr

IV. 한국 지역불평등을 보는 관점과 갈등 구도

1. 수도권과 비수도권의 구도

불평등의 실체는 한 가지로 규정하거나 정의할 수 있는 것이 아니며, 다양한 양태를 지니고 있다고 할 수 있다. 이러한 불평등의 실체를 공간적으로 드러내는 방식은 다양한 측면에서 접근할 수 있다. 불평등에 대한 공간적 인식 방법의 차이에 따라 갈등의 구도와 인식도 달라지며, 드러나는 불평등의 모습도 달라진다. 먼저 가장 전통적인 방법은 공간적 구분과 공간적 스케일의 관점에서 불평등의 양상을 밝히는 것이다. 그 가운데에서도 가장 일반적이고 익숙한 방법은 수도권과 비수도권이라는 공간 구분으로 바라보는 것이다. 이러한 방법은 수도권 내부의 지역 불평등이나 계급·계층 불평등은 드러내지 않으면서 발전의 공간 집중이 낳는 국토공간 차원의 문제에 주목하는 것이다. 아울러 수도권 집중을 어떻게 인식하는가에 따라 국가 발전에 대한 접근방법에도 차이를 보인다. 수도권 집중 억제를 옹호하는 입장은 주로 수도권 규제 강화, 수도권 집중의 비용 증가와 불경제, 지역균형발전, 분배정책, 국가의 강력한 경제·지역정책 개입을 강조한다. 반대의 입장은 수도권 규제 완화, 집적경제 이점의 제고, 국가경쟁력 강화, 경제성장 중심 정책, 국가 개입보다는 자본과 시장의 역할을 강조한다.

지금까지 수도권 인식과 수도권 정책은 다음과 같은 전제를 바탕으로 하고 있다. 즉 수도권 집중은 환경오염, 교통 혼잡, 토지·주택가격 폭등 등의 문제를 유발하고, 이는 사회경제적으로 비효율적이기 때문에 수도권 집중을 억제해야 한다는 것이다. 그리고 수도권을 규제하지 않으면 수도권으로 사회경제적 자원의 집중이 가속되어 다른 지역의 발전을 저해한다는 것이다. 따라서 수도권 규제와 지역균형발전정책이 우리나라 지역정책의 중심 과제가 되어야 한다고 본다. 이와 반대의 입장은 수도권과 비수도권의 관계는 제로

섬 게임의 관계가 아니라는 것이고, 글로벌 개방경제체제에서는 우리나라 수도권의 경쟁상대는 비수도권이 아니라 외국의 대도시권이라는 것이다. 따라서 수도권을 규제하는 것은 수도권 자체의 경쟁력은 물론 국가 전체의 경쟁력을 저해하는 어리석은 정책이라는 것이다(최충규 2007).

수도권 집중의 사회경제적 실체에 대해서는 오랫동안 논쟁을 지속하고 있

〈표 4〉 수도권 집중의 경제적 효과에 대한 연구 및 결과의 차이

수도권 규제 완화 옹호적 결과	균형발전 지향적 결과
• 김의준(1994): 수도권에 공공투자가 확대될 경우 총생산증가율은 증가하며, 소비자물가 및 생산자물가는 감소하여 수출이 증가하고, 지역수지가 향상된다고 할 수 있음. • 서승환(2001): 총요소생산성의 추정 결과 수도권의 생산성이 다른 지역보다 높음. • 허재완(2003): 제조업이 수도권 인구집중을 유발하는 요인이라는 통계적 증거가 없으며, 수도권 제조업에 대한 입지규제가 비수도권 지역의 제조업 활성화를 촉진한다는 통계적 유의성이 없음 • 정창무 · 이춘근(2004): 수도권 전체적으로 집적의 이익이 집적의 비용보다 크게 나타나며, 수도권 외곽에서도 집적의 이익이 비용보다 커서, 향후에도 수도권에 대한 인구와 산업 집중의 경제적 유인이 작용할 것으로 예상함. • 박헌수 · 정수연(2004): 수도권 지역은 비수도권 지역에 비하여 거의 대부분 업종에서 기술적 효율성이 높으며, 공장입지 규제완화는 국내 GDP 생산의 2.7% 추가 성장을 가져올 수 있음. • 김경환 외(2005): 수도권 집중에 따른 사회 비용은 강조되는 반면, 집중에 따른 편익, 집적경제는 상대적으로 과소평가되는 경향. 생산자서비스업의 경우 도시화 경제와 지역화 경제를 확인할 수 있음.	• 김헌민(1993): 집적경제는 수도권 도시산업 성장에 별 영향이 없으며, 오히려 저해요인으로 작용할 수 있음. 지역화 경제나 도시화 경제와 같은 집적경제의 혜택은 1980년대에 와서 고갈 상태에 도달했음. • 민경휘 · 김영수(2003): 수도권의 동태적 집적경제가 비수도권보다 작으며, 수도권으로의 산업 집중 지속은 집적경제 관점에서 자원 이용의 효율성을 저하시키게 될 것임. • 김의준(2003): 수도권에는 도시화경제 및 국지화경제 등 집적의 이익이 존재하고 있으나 점차 감소하는 추세임. 수도권으로 투자를 증대시키는 경우 국가경제의 효율성은 저하되고 지역간 불균형은 확대됨. • 성진근 · 안종운(2005): 수도권 인구 잔류율이 하락할수록 사회적 비용이 감소하며, 재정지출 효과는 군지역이 수도권보다 19배 높음. • 문남철(2006): 수도권 입지규제는 기업의 지방 이전을 촉진하는 가장 큰 요인이며, 지방경제 활성화의 토대가 되고 있음. • 김아영 · 김의준(2007): 과밀억제권역의 경우 95년 이후 규모의 불경제의 크기가 커지고 있고, 국지화 경제 효과도 작거나 부정적임. 지역 특성과 생산구조를 고려한 집중 및 분산유도 정책이 필요함.

출처: 김용창(2008)

다. 그만큼 학문적으로도 객관적인 결론을 뚜렷하게 내리기 어렵다. 지금까지 수도권 지역의 입지 이점 또는 집적경제 효과, 사회적 비용 증가에 대해 많은 연구가 있었다. 분석 자료와 모형에 따라 전혀 상반된 결과를 포함하여 다양한 결과들이 나타난다. 즉 집적경제의 존재에 따른 수도권의 경쟁력 및 국가경제 기여도 제고 효과를 보여줌으로써 수도권 규제 완화를 옹호하는 방향의 결과도 있고, 수도권 집중에 따른 폐해를 보여 주어 균형발전을 옹호하는 결과 역시 많다(표 4 참조). 나아가 이러한 연구들의 상당수는 가정이나 전제조건, 분석변수와 자료, 분석수단 등에서 과학적 중립성이나 가치중립성의 의미는 퇴색하고, 연구지원기관에 따라 사전에 의도하는 결론을 정당화시키기 위한 담론적 논의 형태로 연계되고 있다. 따라서 수도권정책의 효과에 대해서는 서로 이해를 달리하는 당사자들이 함께 하는 연구, 즉 '적대적 공동연구(adversarial collaboration)' 방법을 통한 이해당사자의 협의와 합의가 우선적으로 필요하다(김용창 2008).

2. 공간적 규모의 차이에 따른 구도

우리나라 지역불평등과 지역 갈등의 기본 구도는 수도권과 비수도권의 관계가 압도적이지만 이 관계 외에도 바라보는 공간적 규모(scales)에 따라 다른 유형이나 다양한 불평등 및 갈등 구도를 찾을 수 있다. 예컨대 도시와 도시, 대도시와 중소도시, 도시와 농촌, 특별 정책지역과 일반 지역, 도시 내부의 정체지역과 성장지역 등 다양하게 설정할 수 있다. 전통적인 구분 관점인 도시와 농촌의 격차를 살펴보면, 우선 도·농 간 소득 격차가 지속적으로 확대되어, 2026년 도시근로자 가구소득 대비 농가소득은 50.1%로 전망된다. 도·농 간 소득 격차가 좀체 줄어들지 않는다. 이러한 이유로 이농이 증가하면서 농촌의 성격도 급변하고 있다. 2015년 기준 농가 수는 109만 호, 농가 인구는 257만 명이다. 20년 전에 농가 수는 150만 호, 농가 인구는 564만 명이었다. 2026년에 이르면 농가 수는 96만 호, 농가 인구는 203만 명으로 전체 인구의 3.8%에 불과할 것으로 전망된다. 그러나 농촌지역(읍·면 지역)에 거주하는 농촌인구는 '인구주택총조사' 결과에 따르면 2015년 939만 2천 명으로 지난 5년 사이에 63만 5천 명이 증가하여, 산업화 이후 처음으로 농촌인구가 증가하였다. 이는 자연적 증가보다는 귀농·귀촌, 외국인 등의 인구이동에 따른 사회적 증가에 의한 것이다. 농업 중심의 농촌에서 비농업 중심의 농촌으로 변화하고 있다는 것을 보여 준다.

그러나 농촌지역의 경우도 지역별로 편차가 커서 전입인구 증가는 대부분 경제활동과 거주 여건이 좋은 읍 지역에서 일어난다. 2040년 기준 약 450여 개의 면(37.7%에 해당)이 인구 2천 명 이하의 과소화 면으로 전락할 것으로 예상된다. 입지적으로도 인구 증가 농촌지역이 전역에 걸쳐 확산하는 추세이기는 하지만 수도권이나 광역대도시 주변에 입지한 시·군이 주로 증가하는 지역이다. 그리고 고령화는 농촌지역의 발전 잠재력을 낮추는 큰 요인이다. 최근 20년간 변화(1995-2015)를 보면 농가인구 중에 20세에서 39세 사이 청년층 비율은 21.4%에서 11.0%로 급격히 낮아졌고, 65세 이상 노년층의 비율은 1995년 16.2%에서 38.4%로 크게 증가했다. 특히 2015년 면 단위 지역의 중위 연령은 52.5세에 이르고 있어 농촌지역의 고령화가 심각하다는 것을 알 수 있다(한국농촌경제연구원 2017; 통계청 2016). 도시와 농촌의 구도로 보면 접경지역과 태백산맥, 소백산맥으로 이어지는 주변 농촌지역들의 낙후나 저발전 상태가 심한 상황이다. 미래 발전 가능성과 관련하여 유소년 (0-14세) 인구비율로 보면, 2005년 이후 지난 10년이라는 짧은 기간에도 급격한 변화를 보여 주고 있다. 전체 인구 가운데 유소년 인구가 차지하는 비율 자체도 19.1%에서 13.9%로 빠르게 감소한 것은 물론, 그나마 지역적으로 보면 수도권, 부산-울산 주변지역, 충남 북부지역의 극히 일부 지역만이 상대적으로 양호한 비율을 보이고, 대부분의 시·군 지역은 15% 미만에 머물고 있다(그림 3 참조).

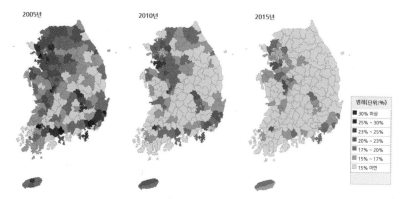

〈그림 3〉 유소년 인구비율 변화의 지역적 차이(2005-2015)

출처: 지역발전위원회

　도시지역이라고 하여 모두 상황이 좋은 것은 아니다. 도시와 도시라는 구도에서 보아도 지역불평등을 확인할 수 있다. 산업도시의 쇠퇴는 1970년대 이후 주로 탈공업화와 교외화를 경험한 선진국 대도시의 현상이었으나 오늘날에는 우리나라를 비롯하여 산업화된 국가에서는 모두 나타나는 전형적인 현상이 되었다. 공업화시대의 유산을 치유하기 위한 도시재생정책이 전 세계적인 관심사로 떠올랐고, 우리나라도 2013년 '도시재생 활성화 및 지원에 관한 특별법'을 제정하여 대처하고 있다. 정부는 도시재생정책 대상 지역의 현황 파악을 위해 전국적인 도시 쇠퇴 현황을 조사하고 있다. 정부의 쇠퇴도시 파악은 인구, 산업, 건축물 등 3개 지표를 기준으로 하며, 2014년 12월 기준 전국 3,479개 읍·면·동 가운데 2,262개소(65%)를 활성화가 필요한 지역(2개 지표 이상)으로 분류하였다. 이들 지역은 인구 감소, 산업의 침체, 건축물 노후화 등 쇠퇴현상을 겪는 것으로 나타났다(그림 4 참조).[4]

　이러한 도시불평등은 관점을 달리하여 도시 내부의 공간 규모 관점에서도 살펴볼 수 있다. 그동안 도시화가 도시 외곽의 신규 택지개발지역을 중심으

---

4) '도시재생 활성화 및 지원에 관한 특별법' 시행령 제20조에 따른 3개 지표는 다음과 같다. ① 인구: 최근 30년간 인구 최대치 대비 현재 인구가 20% 이상 감소 또는 최근 5년간 3년 이상 연속으로 인구가

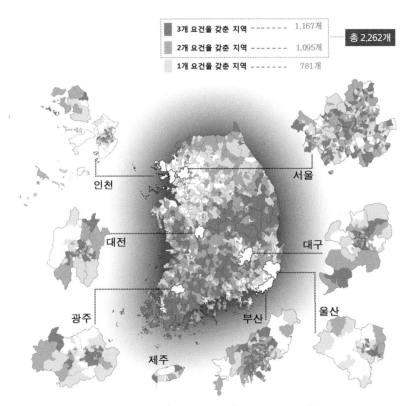

3개 요건을 갖춘 지역	1,167개
2개 요건을 갖춘 지역	1,095개
1개 요건을 갖춘 지역	781개

총 2,262개

〈그림 4〉 국내 도시 쇠퇴 현황(2014년 12월 기준)

출처: 국토교통부

로 전개되어 온 관계로 구 도심부 지역이 특히 쇠퇴를 경험하고 있다. 그리고 도시 내부의 쇠퇴지역이 개발대상지역으로 다시 각광을 받으면서 고소득층 거주지역이나 사업공간으로 재탄생하고 있다. 그에 따라 쇠퇴지역의 공간 양질화를 의미하는 젠트리피케이션(gentrification) 현상, 즉 기존의 저소득 주민이나 영세 상인들을 축출시키는 일이 도시재생 과정에서 전형적인 문제로 등장하고 있다. 이처럼 신자유주의 시대 새로운 도시화전략의 추구와 더

감소. ② 산업: 최근 10년간 총 사업체 수 최대치 대비 현재 5% 이상 감소 또는 최근 5년간 3년 이상 연속으로 총 사업체 수가 감소. ③ 노후 건축물: 전체 건축물 중 20년 이상 지난 건축물이 50% 이상.

불어 도시라는 공간 단위 내부에서도 새로운 불평등 구도와 갈등 구도가 발생하고 있다. 이러한 공간불평등은 신자유주의 시대 통합적·종합적 지역·도시발전정책이 아니라 특정의 선택적 공간 단위 발전전략을 추구하면서 더욱 심화되었다. 경제 성장을 촉진하기 위해 특정 지역에 자원을 집중하는 국가 지역정책의 공간선택성(spatial selectivity)을 보여 주는 것이다(Omstedt 2016).

3. 지역생활의 관점에 따른 구도

지역불평등을 파악할 때 지금까지 살펴본 공간적 단위가 아니라 지역생활을 둘러싼 주요 쟁점을 중심으로 검토하면 시대적 변화에 따른 지역불평등과 갈등의 쟁점들이 어떻게 달라졌는지를 파악할 수 있다. 지역의 일상생활과 관련하여 가장 일반적인 쟁점은 지역불평등을 바탕으로 한 지역주의와 지역감정의 형성이다. 우리는 장소와 지역에서 이루어지는 생활경험을 바탕으로 지역기반의 동일성 의식, 즉 지역정체성을 형성한다. 이러한 정체성은 계층적 지위가 달라도 지역을 기반으로 동일한 이해 관계를 만들게 된다. 이러한 지역기반 이해 관계들이 상당한 응집력과 통일성을 갖추면 이른바 구조적 지역감정을 형성한다. 이러한 지역감정과 지역애착이 지역불평등과 결합하여 지역 고유의 이해 관계를 고무하고, 그 이해 관계를 실현하기 위해 서로 다른 사회집단들 사이 동맹을 낳기도 한다. 그리고 지역불평등의 심화와 지역감정의 결합은 종종 사회적 분열과 불만의 원천이 되기 때문에 국가의 정책 방향을 재설정하기도 하며, 지역주의를 바탕으로 권력과 재정을 포함한 다양한 자원들의 배분 구조를 바꾸려고 시도한다(Hudson 2009).

우리가 고위공직자의 출신 지역에 민감하게 반응하는 이유는 출신 지역을 바탕으로 다양한 자원들을 해당 지역으로 끌고 올 수 있을 뿐만 아니라 출신 지역을 공통분모로 하여 일종의 권력동맹을 형성할 수 있다고 믿기 때문이다. 이승만 정부부터 박근혜 정부까지 정무직 인사 3,213명의 출신 지역을 조사한 연구에 따르면 지역의 인구 비중에 비해 더 많은 정무직을 배출하여 해방 이후 줄곧 중앙권력을 과잉 대표한 곳은 영남지역이다. 특히 전두환, 노태우, 김영삼 정부 시기에 중앙정부 정무직 인사의 영남지역 편중이 심했다. 반면에 권력 자원 할당에서 늘 인구에 비해 과소 대표성을 보이는 곳은 호남지역이며, 이승만 정부와 박근혜 정부에서 특히 심하였다(표 5 참조). 이처럼 우리나라 지역감정과 지역주의 쟁점에서 늘 중심을 차지하는 것은 지역불균등발전 구조와 권력 자원의 불평등한 배분이다. 지역불균등발전은 공간적 스케일에 따라 다양한 쟁점과 갈등 구도가 만들어지고 있지만 권력 자원 불평등에 대한 쟁점은 영·호남, 충청지역처럼 유독 광역 행정 단위라는 공간적 스케일에서 바라보는 틀이 고착되어 있다. 이러한 구도의 쟁점과 갈등은 경제적 공간불평등을 바라보는 다양한 공간적 스케일 구도가 보다 일반적으로

〈표 5〉 역대 정권의 정무직 인사의 지역 편중도

(단위: %)

정부	서울	인천·경기	영남	호남	충청	강원	제주
이승만	21.81		−2.16	−12.42	3.93	0.25	호남에 포함
윤보선	5.18		1.26	−1.98	4.03	−6.82	
박정희	4.92		9.39	−5.63	3.64	−1.89	
최규하	13.14		8.25	−3.93	2.15	−0.57	
전두환	8.17		21.37	−6.05	3.05	−5.02	
노태우	7.86		19.35	−7.62	3.78	−2.01	
김영삼	5.87		24.28	−2.73	4.98	−5.07	
김대중	2.23	−5.96	−6.28	4.58	−0.23	−0.39	−0.38
노무현	4.52	−5.22	3.28	2.74	−5.33	−2.17	−1.02
이명박	7.61	−4.51	5.03	−7.58	0.62	−2.42	0.05
박근혜	14.91	−4.12	4.70	−10.84	−1.03	−3.31	−0.32

자료: 최성주·강혜진 2017, "정치적 임용과 탕평인사", 서울대학교 국가리더십센터 세미나자료.
주: 표의 수치는 정무직 인사의 출신지 비율에서 해당 지역 인구비율을 뺀 것으로 0보다 크면 해당 지역 인구 비중에 비해 더 많은 인원이 정무직으로 임용된 것을 나타냄
출처: 해럴드경제, 박근혜 정부 고위공직자 지역 살펴보니 '서울 편중, 호남 배제', 2017.2.22.

인식되면 앞으로는 점차 약화될 구도이자 쟁점이라고 볼 수도 있다.

다음으로 사회가 발전하면 일상 생활공간에 대한 관심과 이해 관계가 커지게 된다. 지금처럼 광역 행정 단위와 도시 단위 같은 공간스케일에서 구성되는 지역주의나 지역정체성보다는 실제 생활공간 단위를 둘러싸고 발생하는 미시 정치지리가 중요하게 부각된다. 입지 갈등이 대표적이다. 사회나 지역 전체의 입장에서는 반드시 필요한 시설이지만 자신의 생활공간 주변에는 절대 입지시키지 않으려는 현상(님비현상, NIMBY), 금전적 이익이나 생활 편익이 예상되는 시설은 자신의 생활공간 주변으로 극구 끌어오려는 현상(핌피, PIMFY)이 대표적이다. 특히 혐오시설의 입지를 둘러싸고 지역 간 갈등이 심한데, 그간의 연구에 따르면 전국적으로 갈등의 대상이 되는 입지시설로 떠오른 것은 화장장, 납골당, 공단, 발전소, 댐, 군사기지, 쓰레기소각장·매립장, 배수지, 송전선, 폐기물 처리시설 등이다.

이러한 공간 갈등과 입지 갈등은 정치적 이해 관계나 사회경제적 계층을 가로질러 다른 차원의 갈등 구도를 형성한다. 이러한 유형의 공간불평등과 갈등이 발생하는 이유는 입지에 따른 손실과 혜택에서 형평성을 상실하기 때문이다. 이러한 불평등과 갈등의 해소, 관리를 위해서는 영향의 공간적 범위를 고려하여 형평성 원칙을 유지하는 것이 중요하다. 우리나라는 시설 입지와 정책 수행에서 특정 공간으로 손실과 편익을 귀속시키는 배타적 공간 개념에 입각해 있는 관계로 적절한 보상과 부담 원칙을 정립하지 못하고 있다. 지역정책과 국책 사업의 수행에서 민주적 절차를 쌓는 것과 더불어 사회적 합의를 기반으로 보상과 부담의 일반 원칙을 도출하여 적용하는 것이 필요하다. 예컨대 님비현상을 유발하는 시설에 대해서는 상응하는 손실보상을 하고, 핌피현상에 대해서는 편익에 부합하는 부담을 지우거나 편익을 공유하는 시스템을 만드는 것이다.

마지막으로 생활공간의 관점에서 중요한 불평등 관련 쟁점은 갈등의 대립 구도가 전통적인 민간–정부, 지방정부–지방정부 갈등뿐만 아니라 민간–민간, 민관 연합-민간 관계로 변하고 있다. 기존에는 누구에게나 접근과 이용이 개방되어 있거나 관습상 공유자원으로 인식되던 자원들이 국가기구를 동원하여 배타적인 사용·수익·처분의 대상으로 전환시키는 인클로저가 공공연하게 자행되고 있다. 그 대상은 고전적인 토지 영역은 물론, 물, 자연경관, 에너지, 공적연금, 교육, 의료, 주택, 가사 영역, 교통, 공개 광장, 공원 등으로 예외가 없을 정도이다. 새로이 사적 소유와 상품화 영역으로 바꾸어 자본의 이윤 창출을 위한 도구로 삼으면서 기존의 사용자들을 축출하는 과정이 광범위하게 이루어지고 있다(김용창 2017).

또한 도시재생사업이나 지역개발사업을 둘러싸고 거대 자본의 공간 지배가 강화되면서 사회적 약자의 이해 관계나 재산권은 보호받지 못하는 현상이 새롭게 큰 쟁점으로 부상하고 있다. 일자리 창출, 조세기반 강화, 경제 성장 촉진 등을 명분으로 낙후된 도시지역을 다시 개발하면서 사적 자본의 이익을 위해 공공 주체가 기존 이용자들의 재산권을 강제로 몰수하는 일들이 빈번하게 벌어진다. 국가와 지방정부가 사회적 약자의 재산을 강제로 수용하여 다른 민간 자본의 이익을 위해 재산권을 강제로 이전시키는 일을 수행한다. 이를 일컬어 사적 이익을 위한 공용수용(private-public taking)이라고 하며, '뒤집어진 로빈훗'이라는 비판을 받는다. 이러한 공간불평등과 입지 갈등은 과거에는 크게 주목을 받지 못하였으나 신자유주의 도시화 과정에서 광범위하게 이루어지고 있다(김용창 2017).

V. 공평 성장과 기회의 지리 확장

1. 대안적 지역정책의 기본 원칙

지금까지 살펴본 것처럼 지역정책은 공간적 케인즈주의에서 신자유주의적 공간선택주의로 바뀌면서 지역불평등이 더욱 커졌다. 우리나라의 지역정책도 예외는 아니다. 신자유주의적 지역불평등의 심화를 시정하고자 한다면 새로운 대안을 찾아야 한다. 그간의 사회경제적 변화를 바로잡고자 한다면 다음과 같은 몇 가지 원칙을 새로이 확립하는 것이 필요하다.

첫 번째는 공평성의 원칙이다. 공평성장 모델(equitable growth model)은 성장 편익을 모두가 공유할 수 있는 시스템으로, 새로운 일자리와 사업을 성장시키는 것을 의미한다. 공평성의 목표는 동반번영(shared prosperity)을 추구하는 것으로서 모두가 자신들의 잠재력을 충분하게 발휘할 수 있는 여건을 조성해야 한다. 창조계급론을 주창했던 플로리다(Richard Florida)는 사회적·공간적 불평등의 증가는 경제 경쟁력에 강력한 방해물이고, 일종의 쓰레기로서 인간의 창조적 역량을 무너뜨린다고 말한다. 공평성장 모델은 경제적 불평등을 줄이고, 공평성을 추구할수록 오히려 경제성장률이 높아지며, 경제성장 효과가 더욱 커진다는 실증연구에 토대를 둔다. 그리고 공평성장 모델의 구체적인 추진은 실제 일상생활이 이루어지는 지역 단위에서 추진되어야 한다(Reece et al. 2010; Schildt 2015).

두 번째는 공유성과 협동성의 원칙이다. 자본은 끊임없이 새로운 이윤창출과 축적을 위해 사회경제의 모든 영역에서 배타적 사유화와 상품화의 원리를 확장하려고 한다. 따라서 갈수록 경제력과 권력의 집중, 양극화가 심화되는 추세를 교정하려면 기본적인 생활기회에 접근할 수 있도록 공유 재산을 쌓는 것이 필수적이다. 도시에는 집단적 노력으로 만들어지는 재화, 즉 공유 자원이 많다. 따라서 대안적 지역정책에서는 모든 사람이 동일한 접근과 권리를 갖는 공유 자원 집합체로서 도시이념, 상호의존 및 협동에 기초하는 비배제적 생활양식, 장소와 지역에 기초한 집합적 도시 관리, 도시공간을 점유하고 향유할 수 있는 권리 확립 등 협동주의와 도시자원의 공유화(urban commoning)를 기본 원칙으로 확립할 필요가 있다. 자본주의가 고도로 발달하고 신자유주의 논리가 지배적이라는 미국에서도 전국에 걸쳐 약 3만여

자료: 위스콘신대학교 협동조합센터

〈그림 5〉 미국의 부문별 협동조합 입지 분포

출처: Deller et al.(2009)

개의 주요 협동조합이 운영되고 있으며, 주택협동조합도 약 9천5백여 개가 운영되고 있다(그림 5 참조, Deller et al. 2009; 김용창 2017).

세 번째는 민주성의 원칙이다. 자본이나 경제 일변도의 공간생산 시스템 은 주기적 공황을 낳거나 강제적인 도시생애주기 단축을 초래한다. 이는 커 다란 자원 낭비이기도 하다. 이와 더불어 개인 공간 극대화, 특색 없는 표준 공간의 생산과 과도한 경쟁논리의 지배는 공간생산의 무정부성, 과잉생산 과 과소이용의 공존이라는 모순 상황을 낳고 있다. 그래서 제이콥스(Jacobs) 는 이러한 체제를 두고 '아무런 감각이 없는 거대한 황폐 공간(great blight of dullness)'만을 양산하는 발전체제라고 비판한다. 협소한 경제효율성 중심의 공간적 효율성 추구를 벗어나 시민들의 잠재력을 최고로 구현할 수 있는 도 시지역정책의 실행이 필요하다. 이를 위해서는 특히 도시지역계획 문화에서 실질적 민주주의 과정을 복권시키는 것이 중요하다. 여기서 민주적 역량은

협소한 전문가주의와 엘리트주의보다는 시민들이 상호작용과 협동 과정을 통해 도시지역계획을 수행함으로써 다양한 이해 관계를 조정·반영하는 역량을 말한다. 이렇게 될 때 도시·지역정책에서 경제성장 중심의 효율성 이념은 결코 절대적인 위상을 가질 수게 없게 된다(김용창 2011).

2. 기회의 지리 균등화와 확장

인간 실존이나 생활에 근본적인 생활자원에 대한 접근 기회를 공평하게 확립한다면 개인이나 사회 모두 발전 잠재력을 가능한 실현할 수 있게 됨으로써 그만큼 불평등의 구조화를 억제하는 효과를 낳을 수 있다. 특히 사회과학 일반의 통념과는 달리 '기회의 지리적 접근'이 불평등 논의에서 핵심이 되어야 한다. 기회의 지리적 접근은 모든 불평등이 본질적으로 공간적이라는 것, 즉 불평등은 지리적 기반을 갖고 작동한다는 것에 주목한다. 기회에 대한 공평한 접근은 공간적인 차원에서 추진해야 실효성이 있다. 이론적으로 공평한 기회를 제공한다고 하더라도 실제 생활공간에서 그러한 기회에 접근하는 것이 막혀 있거나 어렵다면 공평한 기회가 아무런 기능을 하지 못한다. 그러나 불행하게도 우리나라는 생활기회에 대한 공간적 접근성이 매우 불균등하고 공평하지 않으며, 기회의 밀도도 지리적으로 아주 편중되어 있다. 예컨대 강남지역은 여러 가지 기회의 밀도가 매우 높다. 일반적으로 대부분의 나라와 지역에서 기회로부터 격리(isolation)는 저소득 지역사회에서 훨씬 더 두드러지며, 특히 저소득층 유색인종 지역사회에서 두드러진다. 이러한 지역사회는 생활 향상에 필요한 본질적 요소들에 접근할 수 있는 기회를 사실상 원천적으로 박탈당하는 경우가 많다(Reece et al. 2010; Squires and Kubrin 2005; Powell et al. 2007).

따라서 지역불평등을 완화하는 도시·지역정책을 펼 때 기회를 실질적으로 공평하게 만들 수 있는 공간적 장치, 즉 품질 좋은 기회의 지리(공간구조)

를 만드는 것이 근본적으로 중요하다. 이를 위해서 우선적으로 기회의 공간적 불평등을 파악하는 작업, 즉 기회의 지도화 작업을 통해서 사회적 약자들이 기회의 공간구조에서 어떠한 상황에 놓여 있는지 분석하고 드러내는 작업이 필요하다. 이를 일컬어 기회의 지도화 작업을 통한 실천(opportunity mapping initiative)이라고 할 수 있다. 기회의 지도화는 주어진 시기와 지역에서 존재하는 다양한 생활기회들과 그 기회의 공간적 분포, 접근성을 개념화하고 시각화하는 것이다. 지도화를 바탕으로 기회의 불평등 지리가 개인이나 사회집단의 기회구조에 어떻게 다른 방식으로 영향을 미치고 있는가를 찾아낼 수 있다.

전통적 지역발전 모델은 한계집단이나 한계지역사회가 직면하고 있는 기회지리의 불평등을 근본적으로 시정하기보다는 경쟁력이 있는 지역에 조세혜택이나 여러 가지 사업인센티브를 부여하고, 여기서 발생하는 성장이익의 확산 효과를 추구하였다. 그러나 이러한 접근의 헌신적 노력에도 불구하고 안정적 경제성장이 이루어졌다거나 확산 효과로 사회경제적 형평성이 높아졌다는 증거는 없다(Reece et al. 2010). 이제 발전 모델의 전환이 필요하다. 인간의 실천이나 국가의 개입, 사회경제체제의 성격에 따라 기회의 지리는 끊임없이 만들어지고 해체된다. 기회의 지리에서 공평성을 높이는 것은 인간의 전인적 발전(holistic human development)과 지역사회의 발전에 기초를 제공하는 것이다. 기회에 대한 접근성을 높이기 위해서는 기회가 박탈된 지역으로 다양한 생활기회를 가져가는 전략, 지역 전체에 걸쳐 기존의 기회들과 거주민들을 연결시키는 전략을 동시에 추진하여야 한다.

이러한 기회기반 지역발전 모델은 사람, 장소, 기회, 연결을 동시에 고려하는 통합 모델이며, 공정한 공유와 포용적 발전이념을 구현하는 것이기도 하다. 이렇게 기회 고립과 기회의 격리를 치유하여 성장 편익을 공유함으로써 기회의 공간적 불평등에 따른 경제적 격리·분화(economic segregation)를 극복할 수 있어야 한다. 공평한 기회의 지리를 만드는 것은 단순히 저소득층의 경제소득이 빈곤 수준을 넘게 하는 것이 아니라 고용네트워크와 지속가능한 고용, 양질의 교육, 안전한 근린지역, 민주적 참여, 안정적인 주거 등의 생활기회에 대한 공평한 접근 기회를 제공하는 것이다. 이로써 역동적이면서 정의로운 지역사회를 만들 수 있다. 이것이 공평한 동반성장(shared pro-sperity)이다(Reece et al. 2010).

공평한 기회의 지리를 통한 지역발전 모델에서 가장 중요한 요소 가운데 하나가 주거기회이다. 주택은 사람의 전체 생애에 영향을 미치는 기회들의 네트워크에서 핵심적인 구성요소이다. 주택의 핵심기능이 거처를 제공하는 것이지만 살고 있는 주택의 입지는 곧 여러 가지 생활기회에 접근할 수 있는 기본적인 거점이기도 하다. 그렇기 때문에 적정한 주거비 부담으로 고용, 교통, 보건, 교육, 보육, 시민참여, 여가, 편익시설 등 생활기회에 안정적으로 접근할 수 있는 주택을 제공하는 것이 기회균등 지역정책의 핵심을 차지한다. 이를 일컬어 기회기반 주거(opportunity-based housing)정책이라고 한다. 이러한 모델은 지금까지 우리나라 주택정책의 문제였던 단순한 물리적 주거공간 공급만을 고려하는 것이 아니라 기회의 원천들에 대한 물리적 접근성과 거주민들의 사회적 성격을 동시에 고려한다. 즉 기회의 네트워크 속에 주거공간을 위치시켜야 한다는 것을 강조한다. 기회의 창출, 연결, 배분, 주택이 하나의 일관체계를 구성하도록 지역정책과 주택정책을 시행해야 한다(Powell 2002).

이와 관련하여 미국에서는 거주지역 상황이 생애성취도에 미치는 영향을 알아보기 위해 정책실험과 연구를 행하였다. 미국 주택도시개발부(HUD)는 저소득층 4,600가구를 대상으로 1994-1998년 사이에 5개 도시에서 '기회를 찾아 이사가기(Moving to Opportunity: MTO)'라는 주택정책 실험을 한 바 있다. 경제학적 분석결과를 보면, 더 나은 주거지역으로 이사할 때 13세 미만 이었던 어린이들은 계층 이동에서 뚜렷한 상승효과를 보였다. 저소득층 어린이가 새로운 동네로 이사가 성장하면서 성인이 되었을 때, 일자리를 찾을 확률과 평생 버는 소득 모두에서 그렇지 않은 경우보다 높았다. 이는 거주지역 환경이 지금까지 알려진 것보다 더 큰 영향을 미친다는 것을 의미한다. 이러한 연구결과는 전국 단위의 비공간적 사회경제정책보다는 기회의 지리 관점에서 보다 나은 거주환경으로 이주를 돕고, 기회수준이 낮은 장소에 대한 투자를 통해 사회적 이동성을 교정하는 정책이 중요함을 알려 주는 것이다(Chetty 2015; Wolfers 2016).[5]

이처럼 기회의 지리 접근은 인간불평등과 관련하여 공간적 덫이나 공간적 올가미에 빠지지 않도록 실질적 기회의 공평성을 강화하는 것이다. 기회의 균등은 비공간적으로 이루어지는 것이 아니라 반드시 지리적 정책과 결합해야 효과가 있다는 것을 강조하는 접근이기도 하다. 현재와 같은 배제주의적 용도지역제도와 토지이용제도, 주거지 분화, 교통선택 대안의 부족, 교육기회의 공간적 차별, 고용과 주거공간의 불일치 등과 같은 공간정책과 공간구조를 그대로 두고서는 아무리 기회균등과 관련한 비공간적 사회복지정책이나 경제정책을 시행하여도 실질적 효과를 보기는 어려울 것이다. 불평등을 해소하고 인간의 잠재력을 전인적으로 실현할 수 있는 기회균등정책은 사회지리학의 사회공간적 관점에서 '두루 살기 좋은 곳'[6]을 창출한다는 지역정책 이념에 근거해야만 온전히 가능하다고 할 수 있다(류우익 1984). 국가의 정책은 국민 각자의 자아실현을 위한 기회를 확대하고, 그 사회적·공간적 불평등을 교정해 나가는 것을 근본으로 삼을 때 비로소 도덕적 정당성을 부여받는다.

---

5) '기회를 찾아 이사가기'에 대한 경제효과 분석은 미국 경제분석국(NBER)에서 맡았는데, 정책 시행 후 4~7이 경과한 중간평가에서 성인들의 소득에 미치는 근린지역 영향은 발견되지 않았다. 10~15년이 경과한 최종평가에서도 성인집단과 청소년집단의 소득과 고용율은 별다른 차이를 나타내지 않았다. 그러나 체티(Chetty), 췬(Chyn)이 분석 자료를 기존의 2008년에서 2012으로 연장하여 새로이 분석한 결과는 어린이들의 성장에 미치는 영향이 크다는 것이 밝혀졌다(Chetty 2015; Wolfers 2016).

6) '두루 살기 좋은 곳'이라는 지역정책 이념은 류우익 교수가 제시한 것이다. 구미에서 기회의 지리 논의에 앞서 일찍이 기회의 지리학 관점을 제시한 것으로 평가할 수 있다. 이러한 지역정책 이념에는

VI. 결론

불균등발전과 불평등을 바라보는 시각과 입장은 아주 다양하다. 그동안 계층·계급 및 경제적 관점에서 바라보는 것이 아주 일반적이었다. 이 글에서는 불균등발전과 불평등을 지리학적 관점, 즉 지역불균등이라는 관점에서 한국 사회를 검토하였다. 그동안 지역불균등발전에 대한 입장을 보면 크게 보수주의와 진보주의로 갈려 있고, 지역 발전 내용과 정책에서도 집중과 분산, 광역 단위와 소지역 단위, 내생전략과 외생전략, 폐쇄와 개방, 단절과 네트워크, 상향식과 하향식, 엘리트주의 계획과 시민참여, 중앙과 지방분권 등 이분법적 사고로 대립하는 경우가 많았다.

그러나 1980년대 이후 자본주의 사회경제체제 변화는 전통적인 지역발전론과 지역정책 수단이 한계에 이르렀다는 것을 보여 주었다. 그리하여 국가의 개입을 통해서 가능한 지역균형발전을 이루고자 했던 전통적인 공간적 케인즈주의 지역정책을 파기하고, 신자유주의와 경제성장 제일주의를 중심으로 하는 도시·지역정책으로 돌아서게 되었다. 이러한 정책을 지난 20년 이상 시행했지만 이 또한 사회와 지역 전체에 걸쳐 양극화와 불평등만을 심화시키는 결과를 낳았다. 지역정책에서 신자유주의 국가 개입이 지나친 계층·계급 및 공간 선택성을 보였기 때문이다. 그리고 국가가 철수한 영역은 정작 개입이 필요했던 사회적·지역적 형평성을 위한 영역이었다.

우리나라에서도 2000년대 들어 본격적인 지역균형정책을 시행하고 있으나 정권마다 그 열의는 사뭇 다르다. 보수주의 정권이 들어설 때는 지역균형정책이 명목적 구호에 머무는 경향이 있다. 그러나 정권의 성격과는 무관하게 자본주의 지역 발전은 본래 불균등과 불평등을 본성으로 하는 경향이 있

계층적 기회 균등성과 지역적 기회 균등성을 모두 통합함으로써 계층적·지리적 위치에 따라 차별받지 않고, 생활에 필요한 기본적인 서비스와 기회들에 접근할 수 있어야 한다는 것을 의미한다고 해석할 수 있다(류우익 1984).

다. 이러한 불평등 상태를 전통적인 수도권과 비수도권, 도시와 농촌은 물론 도시와 도시, 도시 내부 소지역들 사이의 차이, 미시 정치지리적 입지 갈등, 이해 갈등 주체들 사이의 관계 변화 등 다양한 공간적 규모의 차원에서 바라보면 지금까지는 잘 드러나지 않던 불균등발전과 불평등 특성을 파악할 수 있다.

　이처럼 다차원적인 불평등 상황을 일거에 개선할 수는 없겠지만 이미 한계를 드러낸 신자유주의 도시·지역정책을 벗어나 대안 모델을 모색해야 할 때이다. 공평성장 모델과 기회의 지리 확장이 하나의 대안이 될 수 있다. 공평성, 공유성과 협동성, 민주성의 원칙을 견지하면서 성장이익을 공유할 수 있도록 품질 좋은 '기회의 지리'를 일종의 공간 하부구조로 구축하여야 한다. 공평성장은 비공간적 정책 관점이 아니라 구체적인 생활지역에서 생활기회에 대한 접근성을 향상시킬 수 있는 기회의 지리를 확장시킴으로써 가능하다는 것을 인식하는 게 중요하다.

국토교통부, 2015, 『미래 국토발전 전략 수립방안 연구』, 국토연구원.

김광호, 2008, "지역개발정책의 목표와 전략 재정립," 고영선 편, 『지역개발정책의 방향과 전략』, 한국개발연구원, 21-76.

김용웅·차미숙·강현수, 2014, 『신지역발전론』, 한울아카데미.

김용창, 2008, "수평적 지방재정조정제도에 의한 지역균형발전전략 연구(I)," 『대한지리학회지』, 43(4), 580-598.

김용창, 2011, "새로운 도시발전 패러다임 특징과 성장편익 공유형 도시발전 전략의 구성," 『공간과 사회』, 21(1), 107-152.

김용창, 2012, "왜 시·공간 통합적 사고가 필요한가?: 데이비드 하비 자본의 한계," 『사회과학 명저 재발견 3』, 서울대학교 출판문화원, 353-385.

김용창, 2017, "신자유주의 도시 인클로저와 실존의 위기, 거주자원의 공유화," 『희망의 도시』, 한울, 176-215.

류우익, 1984, "국토개발에 있어서 농촌개발의 의의," 『지리학』(현 『대한지리학회지』), 30, 28-40.

오언 밀러, 2010, "유럽중심주의와 민족주의에서 마르크스주의적 보편주의로," 『마르크스 21』, 5, 197-224.

이원섭, 2015, "미래국토 발전 전략과 정책과제," 국토연구원 정책세미나 발표자료.

지역발전위원회·산업통상자원부, 2016, 『2015년도 지역발전계획에 관한 연차보고서』.

최병두, 2015, "닐 스미스의 불균등발전론과 자본주의의 지리학," 『공간과 사회』, 25(4), 11-61.

최충규, 2007, "수도권 및 지역균형발전 정책," 이슈페이퍼 07-07, 한국경제연구원, 1-41.

통계청, 2016, "2015 인구주택총조사 전수부문: 등록 센서스 방식 집계결과," 통계청 보도자료 (2016. 9. 7.)

한국농촌경제연구원, 2017, 『농업전망 2017』.

Chetty, R. and Hendren, N., 2017, "The Impacts of Neighborhoods on Intergenerational Mobility I: Childhood Exposure Effects," *National Bureau of Economic Research*, Working Paper No. 23001.

Chetty, R., 2015, "The Impacts of Neighborhoods on Economic Opportunity New Evidence and Policy Lessons," Brookings Institution, https://www.brookings.edu.

Christophers, B., 2009, "Uneven Development," in R. Kitchin and N. Thrift(eds), *International Encyclopedia of Human Geography*, Vol. 12. Elsevier, 12-17.

Dawkins, C. J., 2003, "Regional Development Theory: Conceptual Foundations, Classic

Works, and Recent Developments," *Journal of Planning Literature*, 18(2), 131-172.

Deller, S., Hoyt, A. and Sundaram-Stukel, B., 2009, *Research on the Economic Impact of Co-operatives*, University of Wisconsin Center for Cooperatives.

Dunford, M. and Liu, W., 2017, "Uneven and Combined Development," *Regional Studies*, 51(1), 69-85.

Moulaert, F. and Sekia, F., 2003, "Territorial Innovation Models: A Critical Survey," *Regional Studies*, 37(3), 289-302.

Hudson, R., 2009, "Uneven Regional Development," in R. Kitchin and N. Thrift(eds), *International Encyclopedia of Human Geography*, Vol. 12. Elsevier, 18-23.

Omstedt, M., 2016, "Reinforcing Unevenness: Post-crisis Geography and the Spatial Selectivity of the State," *Regional Studies, Regional Science*, 3(1), 99-113.

Peck, J., 2017, "Uneven Regional Development," in D. Richardson, N. Castree, M. Goodchild, W. Liu, A. Kobayashi & R. Marston(eds), *The International Encyclopedia of Geography: People, the Earth, Environment and Technology*, Wiley-Blackwell.

Powell, J. A., 2002, "Opportunity-Based Housing," *Journal of Affordable Housing And Community Development Law*, 12(2), 188-228.

Powell, J. A., Reece, J. and Rogers, C., Gambhir, S., 2007, *Communities of Opportunity: A Framework for a More Equitable and Sustainable Future for All*, The Kirwan Institute for the Study of Race & Ethnicity.

Reece, J., Gambhir, S. Ratchford, C., Martin, M., Olinger, J., 2010, *The Geography of Opportunity: Mapping to Promote Equitable Community Development and Fair Housing in King County, WA*, Kirwan Institute.

Schildt, C., 2015, *Key Strategies to Advance Equitable Growth in Regions*, PolicyLink.

Squires, G. D. and Kubrin, C. E., 2005, "Privileged Places: Race, Uneven Development and the Geography of Opportunity in Urban America," *Urban Studies*, 42(1), 47-68.

Townroe, P. and Martin, R., 2002, *Regional Development in The 1990s: The British Isles in Transition*, Psychology Press.

Wolfers, J., 2016, "Growing Up in a Bad Neighborhood Does More Harm Than We Thought," *The New York Times*, MARCH 25, 2016. https://www.nytimes.com/2016/03/27.

제3장

한국 사회의 교육 성취 기회불평등

주병기

본 장은 저자의 논문, 오성재·주병기(2017), 오성재 외(2016), 주병기(2017)의 주요 내용을 기초로 하여 작성되었다는 것을 밝혀 둔다.

본 연구는 서울대 경제연구소 분배정의연구센터와 한국연구재단의 지원(NRF-2016S1A3A2924944)을 받아 이루어졌다.

I. 서론

폭동, 내란, 시위, 소요, 정치 불안정 등 다양한 유형의 사회 갈등은 경제 발전 혹은 성장의 장해요인으로 작용하여 궁극적으로 모두에게 나쁜 결과를 가져온다. 사회 갈등은 협력적 관계를 파괴하고 사회적 자본(social capital)을 침식하여 국가 전체적인 생산성을 저하시키고, 사회 갈등으로 야기되는 정치적 불안정은 투자를 저해하여 경제적 성과에 악영향을 미친다(Alesina·Perotti 1996).

사회 갈등의 가장 중요한 원인으로 경제적 불평등을 빼놓을 수 없다. 사회 갈등과 경제적 불평등의 밀접한 관계는 이미 여러 경험적 연구들을 통하여 보고되어 왔다.[1] 지난 20여 년간 한국 사회는 전 세계적으로 가장 빠르게 악화되는 경제적 불평등과 양극화를 경험하였다(정운찬 외 2017: 168). 이로 인한 사회 갈등과 분열은 국가경쟁력을 심각하게 위협하고 있고 최근의 지표에서 나타난 지난 10년간 국가경쟁력의 추락 양상은 문제의 심각성을 잘 보여 준다. 장기적으로 지속가능한 경제 발전을 위해서, 사회 갈등과 분열을 극복하고 사회 통합을 이루는 것이 그 어느 때보다도 중요한 과제라고 할 수 있다.[2]

이 글에서는 불평등, 특히 기회불평등의 관점에서 한국 사회의 현실과 문제점 그리고 해결방안에 대하여 살펴볼 것이다.

공정성과 효율성은 경제와 사회정책의 기본 틀과 방향을 정하는 데 가장 중요한 기준이다. 공정성은 정부의 적극적인 소득 재분배기능과 사회복지의 확충을 지지하는 논거로 사용되지만, 효율성은 그 반대로 작은 정부와 시장 교란의 최소화, 감세를 통한 경제적 동기부여(Okun 1975; Lazear and

---

1) Zimmerman(1980), Muller(1997), Nafziger·Auvinen(2002) 참고.
2) 지속가능한 성장과 사회 통합의 관계에 대해서 Fainstein(2001), Young(1990; 2000), OECD(2015) 등 참조.

Rosen 1981; Barro 1990; Jaimovich and Rebelo 2012) 등의 주된 논거가 되는 경우가 많다. 특히 정부의 팽창과 과세가 야기하는 비효율성이 경제 성장에 해롭고, 역으로 낮은 세율과 높은 불평등이 경제 성장을 촉진한다는 진부한 경제이론들은 이미 잘 알려져 있다.[3]

그러나 양적인 경제 발전이 선진국 수준에 근접한 한국 경제에서 효율성과 성장이 이처럼 자유방임적 시장자유주의의 논거로 사용될 만한 경험적 근거는 미약하다. 시장경제가 발달한 서구 유럽과 북미 국가들에서 이에 반하는 자료들을 쉽게 접할 수 있다.[4] 가령 정부의 소득 재분배기능이 강한 서유럽 선진국들에서 오히려 높은 생산성과 안정적인 경제 성장이 지속되는 것을 볼 수 있다.[5] 또한 불평등이 높은 나라일수록 세대 간 계층이동성은 낮고(Andrews and Leigh 2009), 결과적으로 근로의욕과 인적자본 투자의 동기를 떨어뜨림은 물론 사회 갈등을 증폭시키는 비효율성을 야기한다. 이런 맥락에서 최근 국제기구 OECD는 한국 경제의 가장 시급한 과제로 정부의 소득 재분배기능 강화와 사회 안정망 확충 및 복지 확대를 통한 사회 통합을 들고 있다(OECD 2015). 즉, 정부의 개입을 통하여 소득불평등을 완화함으로써 사

---

3) Okun(1975)은 재분배를 위한 조세 부과가 투자 동기와 근로의욕을 떨어뜨려 성장에 해롭다고 보았고, 조세와 효율성의 상충관계에 대해서는 Barro(1990)와 Jaimovich and Rebelo(2012) 등의 많은 연구들이 있었다. 더 나아가 시장 불평등이 오히려 효율성과 성장을 높인다는 입장들도 쉽게 찾아 볼 수 있는데 가령 불평등이 혁신과 투자의 동기를 부여한다는 Lazear and Rosen(1981)과 같은 연구, 부자들의 저축과 투자가 경제 발전에 긍정적인 역할을 한다는 Kaldor(1957), 가난한 나라에서 부자들이 자본축적과 교육을 통한 인적자본 축적을 통하여 기업활동을 시작할 수 있게 한다는 Barro (2000) 등은 잘 알려져 있다.

4) 높은 불평등이 성장에 저해가 된다는 경험적 연구는 상당히 축적되어 있다. 가령 불평등과 장기간 의 성장 관계에 대한 Persson and Tabellini(1996), Perotti(1996), Alesina and Rodrik(1994) 등의 연구, 국가 간 비교를 다루는 Easterly(2007)의 연구, 그리고 성장의 지속 기간에 대한 Berg, Ostry and Zettelmeyer(2012)의 연구 등은 불평등이 성장에 나쁜 영향이 있다는 것을 보이고 있다.

5) 이에 대하여 정부의 팽창과 재분배기능 강화가 오히려 경제 발전의 산물이라 주장할 수 있다. Meltzer and Richard(1981)처럼 경제적 부와 달리 민주주의가 발달한 나라에서 정치권력은 평등하 게 배분되어 있어서 불평등을 완화하는 압력으로 작용한다고 볼 수 있다. 그러나 소수 부유층이 언론과 로비 등 여러 수단을 통하여 정치적 영향력을 강화할 수 있는 현실을 고려하면, 불평등 완화의 정치적 압력이 과연 설명변수로 작용하는지 의심해 볼 수 있다(Benabou 2000; Stiglitz 2012).

회 통합을 통하여 한국 경제의 지속가능한 발전이 가능하다고 보는 것이다.

Aghion et al.(1999)와 Benhabib(2003) 등에 따르면 소득불평등의 개선이 가난한 사람들의 건강 및 복지의 개선, 나아가서 인적자본 축적을 불러일으키고 이것이 지속적 경제 성장의 동력이 될 수 있다. 또한 인적자본의 축적이 계층 간 이동성의 주요 채널로 작동한다면 기회평등이 확대되고 사회적 연대와 통합이 강화되는 효과도 발생한다. 사회 갈등의 완화와 정치적 안정은 투자 환경을 개선하는 효과가 있고 이것이 지속적 경제 발전을 가능하게 한다는 점 역시 Alesina and Perotti(1996)에서 강조되고 있다. 소득 분배의 개선, 기회평등의 확대, 사회 갈등 완화 그리고 사회 통합이 경제를 위기에서 구할 사회적 원동력을 제공하고(Rodrik1999) 장기적으로 지속가능한 경제 발전에 기여한다는 것이 이러한 실증이론들이 제시하는 결론이다.

소득불평등이 높더라도 세대 간 계층 이동이 활발한 사회와 소득불평등은 낮아도 세대 간 계층 이동이 미진하여 경제적 지위의 대물림 현상이 뚜렷한 사회 중에서 많은 사람들은 전자를 더 선호할 것이다. 공정성의 관점에서 소득불평등보다 경제적 지위의 대물림과 같은 기회불평등이 더 심각한 문제이기 때문이다. 이런 인식을 반영하여 존 롤즈(Rawls 1971; 1999)의 정의론에서도 기회평등이 차등의 원칙(difference principle)이라 불리는 분배적 평등에 우선한다.

개인의 성취(成就)는 노력, 환경, 그리고 운(運)의 복합적인 결과이다. 우리가 말하는 기회평등의 원칙은, 노력에 따라 발생하는 불평등은 마땅히 개인이 책임져야 하지만 개인의 의지(意志)와 무관한 사회·경제적 환경에 따라 발생하는 불평등은 개인이 책임질 수 없다는 것이다(Roemer 1998: 5). 개인에게 도덕적 책임이 없는 환경이 성취에 미치는 영향은 모든 사람들에게 중립적(中立的)으로 작용해야 한다. 다시 말해 더 이로운 환경도, 더 불리한 환경도 없도록 해야 한다는 것이다. 이러한 기회평등의 기본 정신은 이미 많은 복지선진국들에서 사회정책의 기본 방향으로 자리매김하였다.

존 롤즈(John Rawls)는 '공정(公正)한 기회'의 제공을 위하여 형식적인 비차별을 넘어서 보다 실질적인 기회평등이 필요하다고 보았다. 동일한 천부적 능력과 야망을 가진 사람들에게는 그 사람의 가정환경, 상속된 부의 크기, 인종, 성 등과 무관하게 동등한 성취의 전망(前望, prospects of success)이 보장되어야만 한다는 것이다(J. Rawls 1971; 1999: 63). 이후 기회평등의 원칙은 드워킨(Ronald Dworkin 1981), 아네슨(Richard Arneson 1991), 코헨(G.A. Cohen 1989) 등의 정치철학자들에 의하여 평등주의의 대표적인 원칙으로 발전하였고, 이후 Roemer(1998)와 Lefranc et al.(2008; 2009)에 의하여 실증모형에 도입되어 경험적 분석에 활용할 수 있게 되었다.

Lefranc et al.(2008; 2009)은 소득 획득의 기회평등에 대하여 프랑스를 비롯한 여러 나라의 자료를 이용하여 비교분석하였고, 국내 자료를 바탕으로 한 연구에서 김우철·이우진(2008)은 아버지의 학력이 자식의 소득 획득 기회에 중요한 영향을 미친다는 사실을 밝힌 바 있다. 소득 획득의 기회평등은 교육적 성취의 기회평등을 비롯하여 다양한 복합적인 요소들을 내포하고 있다.

최근 연구에서 오성재·주병기(2017)는 1998년에서 2015년에 걸친 한국노동패널자료를 이용하여 부모의 학력 혹은 소득과 같은 환경이 소득 획득의 기회에 미치는 영향을 분석하였다. Lefranc et al.(2008; 2009)과 같은 방식으로 환경이 좋은 집단의 소득 분포와 환경이 나쁜 집단의 소득 분포 간에 제1차 혹은 제2차 확률지배관계의 유무를 확인하여 기회불평등을 정의하는데, 우리나라의 경우 분석된 기간 전체에 걸쳐서 일관되게 소득 성취의 기회불평등이 존재하는 것으로 나타났다. Lefranc et al.(2008; 2009)의 미국 및 유럽 주요국 분석결과와 비교할 때 우리나라는 기회불평등이 뚜렷하게 나타나는 미국, 프랑스, 이탈리아 등과 유사하고 기회불평등이 존재하지 않거나 미미한 스웨덴, 노르웨이, 독일 등과는 상이한 것으로 나타났다.

기회불평등도 지수로 사용되는 지니기회불평등지수를 이용하여 Lefranc

et al.(2008)의 결과와 비교하면 우리나라는 지니기회불평등지수값이 1998년 5.01로 독일, 스웨덴, 노르웨이보다는 훨씬 크고 미국과 이탈리아보다는 낮은 것을 확인할 수 있다. 이처럼 우리나라는 선진국들 중에서 다소 기회불평등도가 높은 나라들과 유사한 기회불평등도를 나타내는 것으로 확인되었다. 지니기회불평등도는 98년 이후 최근까지 비슷한 수준을 유지하는 것으로 나타났으나, 나중에 소개될 '개천용불평등지수' 분석에서는 2000년 이후 지금까지 상승하는 추세를 보이는 것으로 나타났다.

오성재·주병기(2017)가 분석한 노동패널자료에서는 1990년대 중반 이전에 초중등교육을 받은 세대가 상당한 비중을 차지한다. 이 세대에서 초중등교육과 대학 진학이 세대 간 계층 상승의 통로로 잘 작동하였고 1990년대 중반 이후, 2000년대에 접어들면서 이러한 교육의 계층사다리 역할이 사라지고 있다는 것이 일반적인 인식이다. 최근에는 초중등교육과 대학 진학을 통한 계층 상승에 대한 비관적 인식이 매우 높게 나타나고,[6] 교육의 대물림 현상이 날로 심각해지고 있는 것이 객관적인 자료와 실증연구들에서 드러나고 있다(김세직 2014 참고).

〈표 1〉 교육환경하 국가별 지니기회불평등지수 비교

국가	자료년도	GO지수값	표준편차
한국*	1998	5.01	0.507
독일(서독)**	1994	0.88	0.426
스웨덴***	1991	1.09	0.606
노르웨이***	1995	2.18	0.581
영국***	1991	3.45	0.683
프랑스***	1994	4.22	0.406
벨기에***	1992	4.58	0.581
미국***	1991	6.93	0.586
이탈리아***	1993	7.64	0.531

자료: 오성재·주병기(2017), Lefranc et al.(2008).
참고: 가구주 연령대는 *: 30~50세, **: 25~45세, ***: 25~50세.

소득자료를 이용하여 이러한 변화를 확인하려면 보다 장기간의 자료 축적이 필요하다. 그러나 교육적 성취와 관련하여 최근의 자료들을 이용한다면 2000년대 이후로 심화되는 기회불평등의 양상을 확인하는 데 매우 유용하다는 것이 김영철(2011), 김희삼(2012), 김세직(2014), 오성재 외(2016) 등의 선행연구를 통하여 확인되었다. 이 글에서는 2000년대 이후 초중등교육을 받은 세대들만을 대상으로 한 대학입학수학능력시험 성적자료와 중학교 학력평가자료, 그리고 국제교육성취도평가자료(TIMSS)를 활용하여 얻어진 교육성취의 기회불평등에 대한 분석을 소개하고 이를 통하여 한국 사회의 기회불평등 현실을 평가할 것이다.

교육적 성취의 기회평등은 소득 획득의 기회평등으로 이어지는 주요 경로이다. 따라서 이에 대한 분석은 소득 획득의 기회평등을 이해하기 위해서도 중요한 자료가 된다. 교육적 성취와 가구의 사회·경제적 환경 간의 상관관계에 대한 경험적 연구들은 고제이·이우진(2011), 김영철(2011), 김희삼(2012), 김진영·전영준·임병인(2014), 김세직(2014) 등 다수 존재하지만 여기서 소개되는 기회평등의 관점에서 이루어진 연구는 드물다. 여기서는 Lefranc et al.(2009)의 모형을 이용하여 교육적 성취의 기회평등을 정의하는 오성재 외(2016)의 대학수학능력시험자료에 대한 연구결과를 소개하고, 동일한 방법을 이용한 중학교 학력평가 자료분석과 국제교육성취도평가자료(TIMSS) 분석을 통하여 우리 사회 교육적 성취의 기회불평등 현실과 그 심각성을 알아볼 것이다.

이 글에서 사용하는 KEEP 자료와 KELS 자료는 각 학생들의 가구환경으로 가구의 월평균 소득과 남성보호자의 학력을 기록하고 있다. 학업성취도에 대한 기존 연구들에서 보고되었듯이 이 두 환경변수는 학생들의 학업성

---

6) 통계청의 『사회조사보고서』(1999-2015)에 따르면 '우리 사회에서 현재의 본인세대에 비해 다음 세대인 자식세대의 사회경제적 지위가 높아질 가능성은 어느 정도라고 생각하십니까?'라는 질문에 부정적으로 응답한 가구주의 비율이 1999년 10% 이하에서 2015년 50%까지 높아졌다.

취도에 중요한 영향을 미치는 것으로 알려졌다.[7] 특히 김영철(2011)과 김희삼(2012)은 학업성취도가 가구소득 혹은 보호자 학력과 양(陽)의 상관관계가 있는 것으로 보고하였다. 이 글에서 사용하는 기회불평등 개념은 이러한 양의 상관관계보다 더 포괄적인 확률 분포의 특성을 활용한 보다 기초적인 기회불평등을 의미한다고 볼 수 있다.

II. 모형(模型)과 기본 개념[8]

학생 개개인의 성적은 학생 개인의 노력, 가구의 사회·경제적 환경, 타고난 성격과 지능, 그리고 다양한 우연적 요인들이 결합되어 결정된다. 학생 개인의 노력에 따라 성적의 차이가 발생하는 것은 마땅하나 학생의 의지와 관계없이 주어지는 사회·경제적 환경의 차이에 따라 성적의 격차가 발생하는 것은 불공정하다고 보는 것이 여기서 말하는 기회평등의 관점이다.

한국의 초중등교육과 대학 입시에서 이러한 기회평등이 보장되는가? 그렇지 않고 기회불평등이 존재한다면 그 크기는 어느 정도인가? 어떤 평가와 어떤 과목에서 기회불평등이 크게 나타나는가? 어떻게 하면 기회불평등을 줄일 수 있는가? 이러한 질문에 답하는 것이 앞으로 다룰 내용이다.

노력과 환경 이외에도 시험을 준비하거나 치르는 과정에서 일어날 수 있는 많은 우연적 요인들의 영향 또한 불가피할 것이다. 이러한 영향들이 환경과 노력이라는 두 변수와는 중립적으로 시험성적에 영향을 미친다면 그 영향의 정당성 문제를 배제하고 환경의 영향만을 독립적으로 분석할 수 있을 것이다. 우리의 주된 관심은 사회경제적 환경과 노력의 영향 그 자체에 어떤 체계적 불평등이 존재하는가에 있다. 따라서 그러한 불평등이 없는 한 환경과 노

---

7) 김영철(2011), 김희삼(2012), 김진영·전영준·임병인(2014) 참조.
8) 본 장은 저자의 논문 오성재 외(2016)의 내용을 재편집하여 작성되었음.

력 이외의 다른 요인들이 일으키는 점수 차이에 대한 불평등의 문제는 논외로 할 것이다.

김영철(2011)은 가정의 사회경제적 환경을 비롯하여 학습 환경과 거주지 구분으로 이루어진 단순모형을 이용하여 50% 이상의 결정계수를 얻었다. 이는 '사회경제적 지위와 교육환경 등의 배경변수가 입시성적의 형성에 직·간접적으로 상당한 영향력을 행사하고 있음을 시사하고 있다'(김영철 2011: 43). 따라서 교육의 기회평등과 관련하여 환경변수의 영향을 따지는 것이 매우 중요하다고 볼 수 있다.

환경 c와 노력 e가 다른 우연적인 요인들과 결합하여 만들어 내는 성적 y의 분포를 $F(\cdot)$ 그리고 조건부 확률 분포를 $F(\cdot|c,e)$라 하자.[9] 가장 강한 형태의 기회평등 원칙은, 임의의 두 환경 c, c'에 대하여 모든 노력수준 e에서 결정되는 성적의 분포가 동일해야 한다는 조건 $F(\cdot|c,e)=F(\cdot|c',e)$로 정의할 수 있다. 그러나 이는 너무 이상적이고 현실적으로 달성하기 매우 어렵다고 할 수 있다.

상이한 두 개의 환경 c와 c'에서 노력 e를 투여하는 학생은 $F(\cdot|c,e)$와 $F(\cdot|c',e)$라는 성적 분포에 따라 성적을 얻게 된다. 이때, 임의의 성적 수준 y에서 $F(y|c,e)$는 환경 c에서 노력 e를 투여한 학생이 y보다 낮은 성적을 얻게 될 확률을 의미한다. 따라서 부등식 $F(y|c,e)>F(y|c',e)$는 환경 c에서 y보다 낮은 성적을 얻게 될 확률이, 환경 c'에서보다 더 높다는 것을 의미하고 그만큼 환경 c가 c'보다 더 열악하다는 것을 의미한다. 두 환경 c와 c' 간에 노력 e에서 제1차 기회불평등이 존재한다는 것은 모든 수능점수 y에서 이러한 관계가 나타남을 의미한다. 즉, 두 환경 간에 노력수준 e에서의 제1차 기회불평등 관계는 두 확률 분포 $F(\cdot|c,e)$와 $F(\cdot|c',e)$ 사이의 제1차 확률지배관계와 동일하다.

---

9) 본 연구의 기본 모형은 소득 기회불평등에 대한 연구인 Lefranc, Pistolesi, Trannoy(2009)의 모형을 따르고 있다.

모든 노력수준에서 이러한 제1차 기회불평등이 존재하는 경우와 그렇지 않은 경우로 나눌 수 있고 전자의 경우에 더 강한 기회불평등이 존재한다고 볼 수 있다. 이것이 우리가 사용할 기회불평등 개념이다. 즉, '모든' 노력수준 e에서 $F(\,\cdot\,|c,e)$가 $F(\,\cdot\,|c',e)$를 제1차 확률지배하는 두 환경 c, c'이 존재할 때 제1차 기회불평등이 존재한다고 정의한다. 그리고 이러한 제1차 기회불평등이 존재하지 않을 때 제1차 기회평등이 성립한다고 정의한다. 이러한 기회평등의 정의는 제1차 확률지배에 기초한 최소한의 기회평등이라는 점에 주목할 필요가 있다.

노력 e에서 환경 c와 환경 c' 간에 제2차 기회불평등이 존재한다는 것은 모든 x에 대하여 $\int_0^x F(y|c,e)dy \geq \int_0^x F(y|c',e)dy$ 이고 적어도 하나의 x에 대하여 이 부등식이 강부등호로 성립한다는 것을 의미한다. 즉, 두 확률 분포 간에 제2차 확률지배관계가 성립할 때 제2차 기회불평등이 존재하는 것이다.

이러한 기회불평등의 관계가 모든 노력수준에서 존재할 때 두 환경 사이에 강한 기회불평등이 존재한다. 이것이 여기서 말하는 제2차 기회불평등이다. 즉, 모든 노력수준 e에서 $F(\,\cdot\,|c,e)$이 $F(\,\cdot\,|c',e)$를 제2차 확률지배하는 두 환경 c, c'이 존재할 때, 제2차 기회불평등이 존재한다고 정의한다. 그리고 이러한 기회불평등의 관계에 있는 두 환경이 존재하지 않을 때 제2차 기회평등이 성립한다.[10] 제1차 기회평등에서와 마찬가지로, 이러한 기회평등의 정의는 제2차 확률지배에 기초한 최소한의 기회평등이라 볼 수 있다.

공부시간과 같이 학생들의 절대적 노력의 크기를 기준으로 노력을 측정하여 서로 다른 환경에서 동일한 절대적 노력에 대하여 동일한 성적의 확률 분포가 얻어지는 것만으로 기회평등이 이루어진다고 볼 수 있을까? 만약 노력의 분포가 환경과 독립적이라면 그렇다고 볼 수 있을 것이다. 그러나 노력의

---

10) Lefranc et al.(2009)에서 EOP-W2.

선택이 환경과 밀접하게 연관되어 있는 경우에는 반드시 그렇다고 볼 수 없다. 가령 동일한 노력(공부시간)을 하는 것이 환경 c에 비해 환경 c'에서 보다 더 어렵다고 하자. 이 경우 각 노력에서 성적의 확률 분포가 두 환경에서 동일하더라도 환경 c가 환경 c'보다 유리하게 될 것이다. 따라서 이 경우 기회평등이 보장된다고 보기 어렵다. 다음 장에서 설명할 오성재 외(2016)에서 사용된 수능시험자료에 따르면 공부시간의 분포가 환경에 크게 의존하는 것으로 나타났다. 이 경우 공부시간으로 측정되는 노력을 기준으로 기회평등이 이루어지더라도(가령 환경과 독립적으로 동일한 공부시간을 투여한 사람들은 동일한 확률 분포에 따라 성적이 결정됨), 동일한 공부시간을 선택하기 어려운 환경이 존재한다면 진정한 기회평등이 이루어졌다고 보기 어렵다. 따라서 진정한 기회평등의 관점에서 절대적 노력보다는 환경과 독립적인 순수한 노력의 관점에서 기회평등을 추구하는 것이 적절하다고 볼 수 있다.

개인에게 환경으로 야기되는 결과에 대한 책임을 지우지 않는다는 기회평등의 기본 원리에 충실하기 위해서는 개인의 노력을 측정하는 데 있어서 환경의 영향을 배재한 순수한 노력만을 기준으로 삼아야 한다는 것이 Roemer (1998)의 주장이다. 이처럼 순수한 노력을 기준으로 할 때, 앞에서 정의된 제1차와 제2차 기회불평등은 아래와 같은 조건으로 단순화시킬 수 있다.[11]

제1차 기회불평등 조건: 어떤 두 환경 c, c'에 대하여 $F(\,\cdot\,|c)$와 $F(\,\cdot\,|c')$ 사이에 제1차 확률지배관계가 성립한다.

제2차 기회불평등 조건: 어떤 두 환경 c, c'에 대하여 $F(\,\cdot\,|c)$와 $F(\,\cdot\,|c')$ 사이에 제2차 확률지배관계가 성립한다.

이러한 기회불평등 조건을 경험적으로 확인하기 위하여 확률지배관계 검증에 대한 Davisdson·Duclos(2000)의 비모수 검증법을 활용할 것이다. 먼저 학생들을 환경별 집단으로 나누고 집단별로 성적 분포를 얻는다. 상이한

---

11) Lefranc et al.(2009)의 Proposition 참고.

두 환경집단 간 성적 분포의 확률지배성을 검증한다. 만약 두 분포 간 확률지배관계가 성립하지 않는다면 두 분포의 일치성을 검증할 것이다.

기회불평등의 유무만으로 기회불평등의 크기를 확인할 수 없다. 기회불평등지수(指數)를 이용하여 기회평등의 정도를 측정하고 이를 활용하여 과목 간 차이를 비교할 것이다. 이를 위하여 선행연구에서 활용된 지니기회불평등지수(Gini Opportunity index, GO index, Lefranc et al. 2008)와 오성재 외(2016)와 오성재·주병기(2017)에서 도입된 '개천용지수'를 이용할 것이다.

환경 t에서 얻어지는 성적 분포의 평균을 μ_t로, 지니계수를 G_t로 나타내면, $\mu_t(1-G_t)$는 환경 t의 이(利)로움을 나타낸다고 볼 수 있다. 이렇게 모든 환경의 이로움의 크기를 계산하여 이들 사이의 지니계수를 구한 것이 이제 정의될 기회불평등지수이다. 총 k개의 환경이 주어진 이들 전체 환경의 이로움의 크기들의 평균값을 μ라 하고 k 각 환경 t의 $\mu_t G_t$ 비중을 P_t라 하면 지니기회불평등지수(GO 지수)는 다음 식과 같이 정의된다.

$$GO = \frac{1}{\mu} \sum_{s=1}^{k} \sum_{t>s} P_s P_t (\mu_s(1-G_t) - \mu_t(1-G_t))$$

이 지수값이 0에 가까워질수록 기회가 평등하며, 1에 가까워질수록 기회가 불평등함을 알 수 있다.

성취 전망의 기회불평등에서 계층이동성과 직결되어 특히 관심을 끄는 것이 최상위 성취 전망이다. 열악한 환경에 처한 사람이 성공(최상위 성취)의 기회에서마저 차별 받는다면 사회계층은 결국 세대를 이어 고착된다고 볼 수 있다. 최상위의 교육 성취를 얻은 학생들 가운데 가장 열악한 환경에 속한 학생들의 비율은 바로 이런 최상위 성취 전망에 있어서의 기회불평등을 나타내는 중요한 지표로 사용될 수 있다. 가장 열악한 환경 c에 처한 학생의 전체 학생 비율을 q_c이라 하자. 최상위 성취집단을 X성적 상위 p퍼센트에 속하는 학생들의 집단으로 정의하고 이러한 최상위 성취집단의 학생 수를 n_p, 이들 중 가장 열악한 환경 c에 처한 학생 수를 $n_{p,c}$라고 하자. 이때 개천용불평 등지수(RR 지수)는 다음과 같이 정의된다.

$$RR_p = 1 - \frac{n_{p,c}/n_p}{q_c}$$

다음 장에서 소개될 분석에서는 성적 상위 20%의 집단을 기준으로 개천용 불평등지수를 계산하였다. 개천용불평등지수값이 0이라는 것은 최상위 성 취를 이룬 학생들 중에서 최하위 환경을 가진 학생들의 비율이 최하위 환경 학생들의 인구비율과 동일하다는 것을 의미하고 이는 기회불평등이 없는 상 태를 나타낸다. 개천용불평등지수값이 1이라는 것은 반대로 최상위 성취를 이룬 학생들 중에서 최하위 환경을 가진 학생이 없다는 것을 의미하고 이는 기회불평등이 가장 높은 상태를 나타낸다. 개천용불평등지수값은(기회평등 한 사회에서) 성공할 수 있는 최하위 환경집단의 사람들 중에서 기회불평등 때문에 실패하는 사람들의 비율을 나타낸다. 즉 개천용불평등지수값이 0.7 이라는 것은 성공할 수 있는 최하위 환경집단 100명 중에서 70명이 기회불 평등 때문에 실패하게 된다는 것을 의미한다.

III. 교육 성취의 기회불평등 분석: 대학수학능력시험 성적[12]

1. 자료 및 변수

대학수학능력시험 성적은 한국교육고용패널(Korean Education & Em-ployment Panel, 이하 KEEP)과 한국교육종단연구(Korean Education

---

12) 본 장은 오성재 외(2016)의 결과를 중심으로 재편집하였다.

Longitudinal Study, 이하 KELS)라는 두 가지 자료를 사용하고 있다. KEEP 은 2004년 기준 고등학교 3학년 학생 중 일반계 2,000명, 전문계 2,000명을 층화집락추출(stratified cluster sampling)하여 매년 추적조사를 하고 있으며, KELS는 2005년 기준 150개 중학교 1학년 학생 6,908명을 표본으로 층화군집무선추출(stratified cluster random sampling)하여, 만 30세까지 추적조사를 계획하고 있다. KEEP과 KELS 각각 표본의 2005학년도와 2011학년도 수능점수를 포함하고 있으며, 그밖에 공통적으로 표본이 속한 가구의 월소득, 가구주의 학력, 소스별 학습시간, 월 사교육비 지출액, 출신 고교의 소재지 등 연구에 필요한 정보를 대부분 제공하고 있다.

2. 환경별 기회불평등의 분석

수험생의 성적에 영향을 미치는 환경변수로 남성보호자의 학력과 가구의 월평균 소득 두 가지를 고려하였다. 남성보호자의 학력은 가구의 경제적 여건뿐만 아니라 고학력 부모가 가지는 자녀 교육상의 이점도 동시에 반영하는 환경변수이다. 그리고 가구의 월평균 소득은 경제적 여건을 나타내는 변수로서 교육비와 거주환경 등을 통하여 학생의 교육 성취에 영향을 미치는 환경변수다.

남성보호자의 학력은 중학교 졸업 이하(저학력), 고등학교 졸업 혹은 재학(중학력), 그리고 2–3년제 대학 재학 이상(고학력) 세 수준으로 구분하였다. 또한 이 세 집단과 유사한 구성 비율을 갖도록 가구의 월평균 소득을 세 집단으로 구분하였다. 즉 05학년 수능의 경우 165만 원 미만(저소득), 165만 원 이상 350만 원 이하(중소득), 350만 원 이상(고소득)으로 세 환경집단을 나누었고, 11학년 수능에서는 114만 원 미만(저소득), 114만 원 이상 340만 원 이하(중소득), 340만 원 이상(고소득)으로 세 집단을 나누었다. 이상의 환경변수 및 환경 수준을 기준으로 각 집단별 기초통계량을 구하여 〈표 2〉에 나타

〈표 2〉 환경변수와 환경 수준으로 구분한 자료 요약

환경변수	시험구분	환경 수준	학생수	모집단에서의 비율	언어영역		외국어영역	
					집단별 수능 응시생	집단별 수능 응시율	집단별 수능 응시생	집단별 수능 응시율
남성보호자학력	05학년수능	저(중졸 이하)	1009	25.23%	381	37.76%	381	37.76%
		중(고졸)	1719	42.98%	1023	59.51%	1023	59.51%
		고(초대졸 이상)	784	19.60%	604	77.04%	604	77.04%
	11학년수능	저(중졸 이하)	607	8.79%	239	39.37%	234	38.55%
		중(고졸)	3098	44.85%	1712	55.26%	1675	54.07%
		고(초대졸 이상)	2806	40.62%	1735	61.83%	1710	60.94%
가계월평균소득	05학년수능	저(165만 원 미만)	1114	27.85%	392	35.19%	392	35.19%
		중(165만~350만 원)	1807	45.18%	1080	59.77%	1080	59.77%
		고(350만 원 이상)	771	19.28%	580	75.23%	580	75.23%
	11학년수능	저(114만 원 미만)	384	5.56%	215	55.99%	209	54.43%
		중(114만~340만 원)	2116	30.63%	1506	71.17%	1477	69.80%
		고(340만 원 이상)	2098	30.37%	1652	78.74%	1637	78.03%

출처: 오성재 외(2016)

내었다.

먼저, 수능 연도와 환경변수별로 대집단을 구성하고 집단 내 환경 수준을 기준으로 소집단을 구성하여 각 소집단의 언어영역과 외국어영역의 누적 분포를 도출하였다.[13] 이렇게 얻어진 누적 분포들을 이용하여, 서로 다른 두 환경 수준의 누적 분포들 간 제1차(제2차) 확률지배관계를 분석하였다. KEEP 1차년도 데이터 가운데 고등학교 3학년 학생을 분석 대상으로 얻어진 수능점수와 KELS의 6년차 데이터의 수능점수 누적 분포 $F(y|c)$를 각각 나타낸 것이 〈그림 1〉이고 이 자료를 바탕으로 얻어진 확률지배 검증결과는 〈표 3〉과 같다.

---

13) 수리영역의 경우 수리영역 (가)형과 (나)형으로 나뉘며, 배정받은 고등학교 및 지원하고자 하는 대학에 따라 과목 선택이 가능하다. 따라서 수리영역 (가)형과 (나)형에 대한 자료는 자기선택(self-

수능점수를 활용한 가구환경별 교육 성취도의 비교연구에서 유의해야 할 점은 가구환경이 수능응시율에 중요한 영향을 미친다는 점이다. 〈표 2〉에서 와 같이 환경이 열악할수록 수능응시율이 낮아짐을 알 수 있다. 상대적으로 교육 성취도가 낮은 학생들이 응시하지 않는다는 점을 감안할 때, 이러한 응시율 격차는 열악한 환경집단의 교육 성취도를 실제보다 높게 나타나게 하는 편의(偏倚)를 초래한다. 즉, 열악한 환경집단에서 교육 성취가 상대적으로 높은 학생들이 스스로 수능에 응시하는 샘플선택의 문제가 발생하고 그 결과 실제보다 교육 성취도가 높게 나타나도록 하는 것이다. 그럼에도 불구하고 기회불평등이 존재하는 것으로 분석된다면 실제의 기회불평등이 더 클 것이므로 분석 결과는 유의미할 것이다. 반대로 기회불평등이 존재하지 않는 것으로 분석된다면 실제 기회불평등의 유무에 대하여 추가적인 연구가 결론을 내리기는 어려울 것이다.

2011학년도 가계 월평균 소득을 기준으로 한 분석에서는 소득 항목 미응답 자료가 상대적으로 많았고 이로 인하여 다수의 학생들이 제외되었다. 이는 〈표 2〉의 총 학생 수가 2011년 남성보호자 학력 기준의 경우가 가계 월평균 소득 기준의 경우보다 월등히 많은 것을 보면 알 수 있다.[14] 특히 저소득 가구의 미응답 자료 비율이 높으므로 결과의 해석에 이로 인한 편의를 감안할 필요가 있다.

분석결과 가구환경별로 교육 성취의 기회불평등 조건이 성립함을 확인하였다. 2005년과 2011년의 두 수능에 걸쳐, 남성보호자 학력과 가계 월평균 소득의 두 환경 구분을 활용하여 총 24개 경우의 환경 간 과목별 확률지배 검증을 실행하였다. 〈표 3〉에 나타낸 바와 같이, 이 중 세 경우를 제외한 나머

---

selection)의 편의가 있을 수 있어 본 연구의 주요 논의 대상에서는 배제하였다. 탐구영역 및 제2외 국어영역의 경우에는 학생들이 선택할 수 있는 대학수학능력시험 출제 과목이 매우 세분화되어 있으며 시험 내용 또한 상이하여 적절한 데이터 수를 산출할 수 없으므로 배제하였다.
14) 보호자 학력은 자료조사 시작년도의 응답을 기준으로 하여 미응답이 제외되지 않는다.

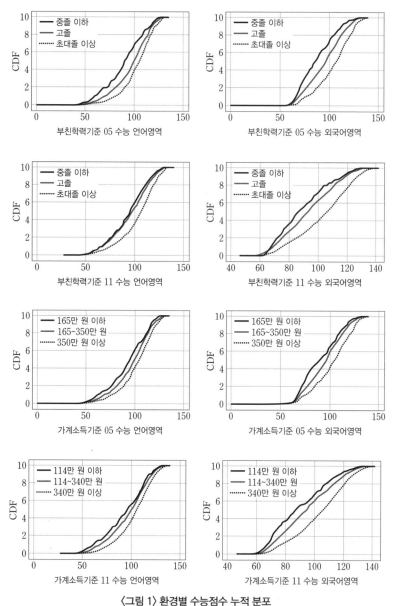

〈그림 1〉 환경별 수능점수 누적 분포

출처: 오성재 외(2016)

〈표 3〉환경별 수능점수 확률지배 검증결과

수능구분	환경수준	남성보호자 학력						가계 월평균 소득					
		언어영역			외국어영역			언어영역			외국어영역		
		저	중	고	저	중	고	저	중	고	저	중	고
05 학년 수능	저	–	$<_2$	$<_1$	–	$<_1$	$<_2$	–	$<_2$	$<_1$	–	?	$<_2$
	중	–		$<_1$	–		$<_2$	–		$<_1$	–		$<_2$
	고	–			–			–			–		
11 학년 수능	저	–	=	$<_1$	–	?	$<_1$	–	$<_2$	$<_1$	–	$<_2$	$<_1$
	중	–		$<_1$	–		$<_1$	–		$<_1$	–		$<_1$
	고	–			–			–			–		

출처: 오성재 외(2016)

참고: 집단별 상하위 2.5%를 각각 제외하고 95% 유의수준에서 검증한 결과. =은 동일한 확률 분포, $<_1$은 행이 열에 1차 확률지배, $<_2$는 행이 열에 2차 확률지배 당하는 관계, ?는 확률지배 관계가 확인 불가능한 경우임.

지 모든 경우에서 높은 환경이 낮은 환경을 제1차 혹은 제2차 확률지배하고 있음을 확인하였다. 특히 고환경과 저환경 간의 비교에서는 항상 확률지배 관계가 존재함이 확인되었다. 그러나 중환경과 저환경 간의 비교에서는 확률지배관계가 없는 경우와 확률 분포가 동일한 경우가 각각 2회와 1회 있는 것으로 나타났다. 이를 통하여 수능응시자들을 비교할 때, 고환경과 중환경의 격차가 중환경과 저환경의 격차보다 더 심하다는 것을 알 수 있다. 그러나 저환경의 수능응시율이 현저히 낮아서 중환경과 저환경의 격차는 실제보다 낮게 나타났을 것이라는 점을 고려할 때, 이러한 결론을 일반화할 수는 없을 것이다.

확률지배관계가 확인되지 않은 검증결과는 〈그림 1〉의 누적 분포함수의 형태와 비교해 봤을 때 다소 의외로 보일 수 있다. 가계 월평균 소득 기준 05 학년 수능 외국어영역의 저집단과 중집단 경우, 〈그림 1〉에서는 뚜렷한 확률 지배관계가 있는 것처럼 보인다. 하지만 각 집단들의 분포함수 가장 왼쪽 즉, 점수가 낮은 학생들만을 봤을 때 분포함수 간 교차가 일어나는데 이것이 확

<표 4> 환경별 수능점수 관련 지수

	남성보호자 학력				가계 월평균 소득			
	언어영역		외국어영역		언어영역		외국어영역	
	지니기회 불평등 지수	개천용 지수	지니기회 불평등 지수	개천용 지수	지니기회 불평등 지수	개천용 지수	지니기회 불평등 지수	개천용 지수
05학년 수능	2.69 (0.28)	0.5035 (0.0872)	3.05 (0.27)	0.6956 (0.0692)	1.83 (0.28)	0.4485 (0.0950)	2.22 (0.29)	0.5362 (0.0868)
11학년 수능	2.26 (0.24)	0.5618 (0.0882)	2.74 (0.20)	0.6313 (0.0805)	2.09 (0.25)	0.3230 (0.1357)	2.62 (0.22)	0.4676 (0.1284)

출처: 오성재 외(2016)
참고: 괄호 안의 숫자는 부트스트랩 1,000번 시행으로 얻은 표준편차임.
　　지수는 0에 가까울수록 평등하고 1에 가까울수록 불평등함.

률지배관계가 확인되지 않는 이유로 보인다. 남성보호자 학력 기준 11학년 수능 외국어영역에서도 동일한 이유로 확률지배관계가 확인되지 않았다.

앞서 소개된 두 가지 기회불평등지수를 이용하여 각 환경변수의 기회불평등도를 분석한 결과는 〈표 4〉와 같다. 두 차례 수능 모두에서 남성보호자 학력 환경을 이용한 분석의 기회불평등도가 가계 월평균 소득 환경을 이용한 분석에서보다 더 크게 나타났다. 이러한 결과는 〈그림 1〉의 누적 분포 간의 격차에서 보이는 바와 같다. 과목별로는 외국어영역의 기회불평등도가 언어영역에 비해 더 큰 것으로 나타난다. 개천용지수값의 경우 가계 월평균 소득 기준 2011년 자료의 경우를 제외하고 나머지 자료들에서 50%에 가까운 값을 보였다.[15] 특히 남성보호자 학력 기준의 자료에서 언어영역은 50% 이상, 외국어영역은 60% 이상으로 나타났다. 이는 최하위 환경집단 출신 학생들이 최상위 성적을 얻을 가능성이 다른 학생들보다 언어영역은 최소 50%, 외국어영역은 최소 60% 낮음을 의미한다.

---

15) 2011년 가계 월평균 소득의 경우 소득 응답률이 낮아 제외되는 자료가 많고 특히 저소득층의 제외 자료 비율이 높아서 기회불평등도가 낮아지는 편의가 발생하였다.

연도 간의 비교에서는 남성보호자 학력을 환경변수로 하는 경우 05학년도 수능에서 기회불평등도가 11학년도보다 더 컸지만, 반대로 가계 월평균 소득을 환경변수로 할 경우는, 11학년도 수능에서 기회불평등도가 05학년도보다 더 크게 나타났다. 두 해의 수능시험 자체가 달랐고 난이도 역시 차이가 있었을 것이므로 연도 간 기회불평등의 비교를 해석하는 데 유의할 필요가 있을 것이다.

IV. 교육 성취의 기회불평등 분석: 중학교 학력평가 자료

1. 자료 및 변수

중학교 교육 성취의 기회불평등을 살펴보기 위하여 한국교육종단연구(Korean Education Longitudinal Study, 이하 KELS) 자료를 사용하였다. KELS는 2005년 기준 150개 중학교 1학년 학생 6,908명을 표본으로 층화군집무선추출(stratified cluster random sampling)하여, 만 30세에 이르기까지 추적조사를 계획하고 있다. KELS 조사대상 학생들은 중학교 1학년부터 3학년까지 매년 자체평가를 통해 국어, 영어, 수학 과목의 성적을 기록하고 있으며 공통적으로 표본이 속한 가구의 월평균 소득과 가구주의 학력 등과 같은 사회·경제적 환경을 나타내는 자료 역시 포함하고 있다.

조사대상 학생들의 중학교 전학년 평균 성적을 학업성취로 하여 분석한다. 학생들의 학업성취에 영향을 주는 환경변수로 남성보호자의 학력과 가구의 월평균 소득 두 가지를 고려하였다. 남성보호자의 학력은 가구의 경제적 여건뿐만 아니라 고학력 부모가 가지는 자녀 교육상의 이점을 동시에 반영하는 환경변수이다. 그리고 가구의 월평균 소득은 경제적 여건을 나타내는 변수로서 사교육과 주거환경 등을 통하여 학생의 교육 성취에 영향을 미친다.

남성보호자의 학력을 중학교 졸업 이하(저학력), 고등학교 졸업 혹은 재학(중학력), 그리고 2–3년제 대학 재학 이상(고학력) 세 수준으로 구분하였다. 또한 남성보호자의 학력을 환경변수로 한 경우와 기회불평등의 직접적 비교를 위해 가구 월평균 소득을 성적과 마찬가지로 3년간의 평균을 구한 다음 저학력, 중학력, 고학력의 비중에 각각 상응하도록 나눴다. 그 결과 140만 원 미만(저소득), 140만 원 이상 350만 원 이하(중소득), 350만 원 초과(고소득)로 환경 수준을 구분했다. 환경 수준별 분석자료를 요약하면 〈표 5〉와 같다.

2. 환경별 기회불평등의 분석

가구주 학력과 가구소득, 각 환경변수를 이용하여 환경 수준을 저, 중, 고 세 가지로 나누어 각 집단별 성적의 누적 분포함수 $F(y|c)$를 구하면 〈그림 2〉와 같다. 동일한 결과를 성적의 확률밀도함수 $f(y|c)$로 나타낸 것이 〈그림 3〉이다. 〈그림 2〉를 보면 모든 과목이 높은 환경에서 얻어진 누적 분포가 낮은

〈표 5〉 환경변수와 환경 수준으로 구분한 자료 요약

과목	환경 수준	남성보호자 학력				가계 월평균 소득			
		학생수	비율	평균	분산	학생수	비율	평균	분산
국어	저	547	9.50%	52.44	16.47	552	9.30%	53.26	16.58
	중	2791	48.50%	58.62	16.39	2919	49.16%	59.36	16.62
	고	2417	42.00%	66.00	15.70	2467	41.55%	64.50	16.08
영어	저	556	9.55%	41.63	17.86	557	9.26%	42.19	18.25
	중	2820	48.42%	50.50	19.97	2963	49.26%	51.47	20.64
	고	2448	42.03%	64.88	21.65	2495	41.48%	62.97	21.95
수학	저	556	9.48%	40.99	17.88	560	9.25%	41.26	18.16
	중	2835	48.36%	49.48	19.95	2973	49.11%	50.15	20.36
	고	2471	42.15%	61.86	21.12	2521	41.64%	60.32	21.42

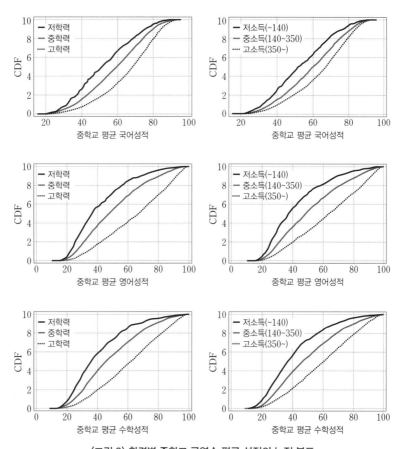

〈그림 2〉 환경별 중학교 국영수 평균 성적의 누적 분포

환경에서 얻어진 누적 분포보다 아래에 위치하여 환경 간에 확률지배관계가 나타나는 것을 알 수 있다. 이러한 확률지배관계의 결과 〈그림 3〉에서 보는 바와 같이 높은 환경일수록 확률밀도함수가 성적이 높은 방향으로 치우쳐 있는 것을 볼 수 있다.

〈그림 2〉를 보면 국어 성적이 다른 두 과목의 성적에 비해 환경 수준 간 누적 분포의 간격이 작다는 것을 알 수 있다. 이로부터 국어가 다른 과목에 비하여 기회불평등의 크기가 작다는 것을 짐작할 수 있다. 또한 모든 과목에서

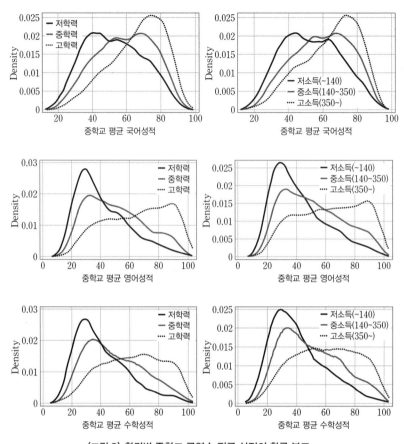

〈그림 3〉 환경별 중학교 국영수 평균 성적의 확률 분포

부친의 학력환경을 기준으로 할 경우가, 가구소득 환경을 기준으로 할 경우보다 환경 수준 간 누적 분포의 간격이 큰 것을 확인할 수 있는데, 이로부터 부친의 학력환경을 기준으로 할 경우에 기회불평등의 크기가 더 클 것이라는 것을 짐작할 수 있다.

환경별 성적분포함수들 간의 확률지배관계에 대한 통계적 검증을 위하여 남성보호자 학력과 가계 월평균 소득의 두 환경 구분을 활용하여 국어, 영어, 수학 세 과목 성적 분포에 대한 총 18가지 경우를 고려하였다. 검증 결과 모

〈표 6〉 환경별 국영수 확률지배 검증결과

과목	환경 수준	남성보호자 학력			가계 월평균 소득		
		저	중	고	저	중	고
중학교 평균 국어	저	–	$<_1$	$<_1$	–	$<_1$	$<_1$
	중	–	–	$<_1$	–	–	$<_1$
	고	–	–	–	–	–	–
중학교 평균 영어	저	–	$<_1$	$<_1$	–	$<_1$	$<_1$
	중	–	–	$<_1$	–	–	$<_1$
	고	–	–	–	–	–	–
중학교 평균 수학	저	–	$<_1$	$<_1$	–	$<_1$	$<_1$
	중	–	–	$<_1$	–	–	$<_1$
	고	–	–	–	–	–	–

참고: 집단별 상하위 2.5%를 각각 제외하고 95% 유의수준에서 검증한 결과. =은 동일한 확률분포, $<_1$은 행이 열에 1차 확률지배, $<_2$는 행이 열에 2차 확률지배 당하는 관계, ?는 확률지배관계가 확인 불가능한 경우임.

든 과목에서 가구환경별 교육 성취의 기회불평등이 확인되었다.[16] 〈표 6〉에 나타난 바와 같이, 모든 경우의 비교에서 높은 환경이 낮은 환경을 제1차 확률지배하고 있음을 알 수 있다. 〈그림 2〉의 누적 분포가 보여 주는 것과 일치하는 결과이다.

앞서 소개된 두 가지 기회불평등지수를 이용하여 각 환경변수의 기회불평등도를 분석한 결과는 〈표 7〉과 같다. 두 차례 수능 모두에서 남성보호자 학력환경을 이용한 분석의 기회불평등도가 가계 월평균 소득 환경을 이용한 분석에서보다 더 크게 나타났다. 이러한 결과는 〈그림 2〉의 누적 분포 간의 격차에서 드러난 바와 같다. 과목별로는 영어의 기회불평등도가 가장 컸고 수학은 영어에 비해 약간 작은 정도인 반면, 국어는 다른 두 과목에 비해 기

---

16) 확률지배검증은 양 극단 2.5%를 제외하고 가운데 95%를 대상으로 진행하였다. 양 극단을 포함할 경우 1차 확률지배성 중 다수가 2차 확률지배성으로 바뀌는 점 이외에 확률지배성의 존재에는 큰 변화가 없다.

〈표 7〉 환경별 국영수 점수 관련 기회불평등지수

과목	남성보호자 학력		가계 월평균 소득	
	지니기회 불평등지수	개천용기회 불평등지수	지니기회 불평등지수	개천용기회 불평등지수
중학교 평균 국어	4.03 (0.24)	0.5683 (0.0678)	3.05 (0.24)	0.5115 (0.0712)
중학교 평균 영어	6.95 (0.28)	0.7388 (0.0536)	5.80 (0.29)	0.7229 (0.0554)
중학교 평균 수학	6.34 (0.29)	0.7096 (0.0567)	5.42 (0.29)	0.6725 (0.0604)

참고: 괄호 안의 숫자는 부트스트랩 1,000번 시행으로 얻은 표준편차임.

회불평등도가 확연히 작은 것으로 나타났다. 개천용불평등지수의 경우 국어가 0.5이고 영어와 수학은 0.7에 달하는 값을 보였다. 특히 남성보호자 학력 기준에서 영어의 개천용불평등지수는 0.75에 달하는 것으로 분석되었다. 이는 최하위 환경집단에서 최상위 성적을 얻어야 할 100명 가운데 국어에서 약 50명, 영어에서 약 75명이 기회불평등 때문에 최상위권 진입에 실패한다는 것을 의미한다.

V. 교육 성취의 기회불평등 분석: TIMSS 자료

1. 자료 소개(TIMSS)

국제교육성취도평가협회(International Association for the Evaluation of Educational Achievement)의 주관으로 시행되는 수학, 과학 성취도 추이 변화 국제비교연구(Trends in International Mathematic and Science Study)는 초등학교 4학년 및 중학교 2학년 학생들을 대상으로 1995년부터 4

년 주기로 시행되고 있다. TIMSS 데이터는 학생의 평균점수와 함께 설문을 통해 얻은 환경 정보를 포함하고 있기 때문에 성취도에 미치는 환경의 영향을 살펴볼 기회를 제공한다. 우리나라는 1995년부터 참여하고 있으며, 표집의 대표성을 위하여 2단계 층화군집표집을 사용하고 있다.

여기에서 사용하는 자료는 TIMSS의 1차(1995년)에서 6차(2015년)까지의 자료이다. TIMSS는 4년 주기로 치러지는 수학과 과학 과목의 국제비교평가시험으로, 이 연구에서는 중학교 1학년과 2학년생들의 수학점수와 과학점수를 이용하여 분석한다. 사회경제적 환경변수로는 아버지의 학력을 사용하였다. 중졸 이하(ISCED2)를 저학력, 고졸 이하(ISCED5B)를 중학력, 대졸 이상(ISCED5A)을 고학력으로 분류하여 아버지의 학력이 학생들의 성취도에 미치는 영향을 분석한다.

2. 분석결과

우리나라는 저학력에 속하는 중졸 이하의 인원이 다소 적은 편인데, 이 추세는 점점 심화된다. 1995년의 경우는 총 5,342명 중 저학력 1,518명, 중학력 2,578명, 고학력 1,246명이 각각 시험을 치렀으나 2015년의 경우에는 총 3,650명 중 저학력 87명, 중학력 1,721명, 고학력 1,842명이 시험을 치렀다. 〈표 8〉은 우리나라 학생들의 평균점수와 표준편차 등의 기초통계량을 제시하고 있다.

〈그림 4〉와 〈그림 5〉는 환경별로 학생들의 수학 및 과학점수를 누적 분포로 나타낸 것이다. 이를 바탕으로 얻어진 확률지배 검증결과는 〈표 9〉에 정리한 바와 같이 모든 경우에 있어 고학력집단은 저학력집단을 확률지배하는 것으로 나타난다. 1995년, 2015년의 저학력과 중학력 간의 수학점수에서는 확률지배관계가 존재하지 않았고, 두 집단 간에 동일한 확률 분포가 확인되었다. 〈그림 5〉의 2015년 과학점수 누적 분포를 보면 점수가 낮은 부분에서

<表 8> 연도별 과목별 기초통계량

연도	환경	수학				과학			
		빈도	평균	표준편차	비율	빈도	평균	표준편차	비율
1995년	저학력	1518	535.6	91.60	28.42	1518	565.6	103.5	28.42
	중학력	2578	550.9	92.91	48.26	2578	593.0	104.8	48.26
	고학력	1246	578.4	90.72	23.32	1246	639.6	99.19	23.32
1999년	저학력	1180	566.7	78.27	21.85	1180	530.5	83.68	21.85
	중학력	2765	587.7	72.65	51.20	2765	551.9	81.42	51.20
	고학력	1455	624.2	72.76	26.94	1455	585.2	83.70	26.94
2003년	저학력	562	544.1	89.43	12.35	562	525.5	75.76	12.35
	중학력	2618	584.2	76.70	57.55	2618	554.6	65.59	57.55
	고학력	1369	613.2	75.20	30.09	1369	578.0	65.86	30.09
2007년	저학력	204	553.1	94.83	5.67	204	520.8	78.50	5.67
	중학력	1640	583.5	83.75	45.61	1640	545.0	72.60	45.61
	고학력	1752	629.2	85.60	48.72	1752	578.6	70.98	48.72
2011년	저학력	189	569.0	92.71	4.75	189	524.9	79.48	4.75
	중학력	1891	597.8	83.17	47.48	1891	552.5	72.19	47.48
	고학력	1903	650.5	78.85	47.78	1903	589.8	71.50	47.78
2015년	저학력	87	567.2	81.03	2.38	87	521.8	71.88	2.38
	중학력	1721	594.2	80.22	47.15	1721	546.7	71.26	47.15
	고학력	1842	635.8	78.12	50.47	1842	581.4	74.12	50.47

<표 9> 연도별 확률지배 검증결과

연도	환경	수학			과학		
		저학력	중학력	고학력	저학력	중학력	고학력
1995년	저	–	=	$<_1{}^{***}$	–	$<_1{}^{**}$	$<_1{}^{***}$
	중	–	–	$<_1{}^{***}$	–	–	$<_1{}^{***}$
	고	–	–	–	–	–	–
1999년	저	–	$<_1{}^{*}$	$<_1{}^{***}$	–	$<_1{}^{***}$	$<_1{}^{***}$
	중	–	–	$<_1{}^{***}$	–	–	$<_1{}^{***}$
	고	–	–	–	–	–	–
2003년	저	–	$<_2{}^{***}$	$<_1{}^{***}$	–	$<_1{}^{**}$	$<_1{}^{***}$
	중	–	–	$<_1{}^{***}$	–	–	$<_1{}^{***}$
	고	–	–	–	–	–	–

2007년	저	–	$<_2^{**}$	$<_1^{***}$	–	$<_2^{*}$	$<_1^{***}$
	중	–	–	$<_1^{***}$	–	–	$<_1^{***}$
	고	–	–	–	–	–	–
2011년	저	–	$<_2^{**}$	$<_1^{***}$	–	$<_2^{***}$	$<_1^{***}$
	중	–	–	$<_1^{***}$	–	–	$<_1^{***}$
	고	–	–	–	–	–	–
2015년	저	–	$=$	$<_1^{***}$	–	?	$<_1^{***}$
	중	–	–	$<_1^{***}$	–	–	$<_1^{***}$
	고	–	–	–	–	–	–

참고: 집단별 상하위 2.5%를 각각 제외하고 95% 유의수준에서 검증한 결과.= 은 동일한 확률분포, $<_1$은 행이 열에 1차 확률지배, $<_2$는 행이 열에 2차 확률지배 당하는 관계, ?는 확률지배관계가 확인 불가능한 경우임.

〈표 10〉 연도별 과목별 불평등지수

과목	지수명	1995	1999	2003	2007	2011	2015
수학	지니기회 불평등지수	1.451 (0.0015)	1.915 (0.0009)	1.947 (0.0012)	2.199 (0.0015)	2.460 (0.0014)	1.848 (0.0016)
	개천용기회 불평등지수	0.2180 (0.0434)	0.3643 (0.0471)	0.4947 (0.0713)	0.5929 (0.0985)	0.7176 (0.0845)	0.8223 (0.1201)
과학	지니기회 불평등지수	2.387 (0.0014)	1.831 (0.0013)	1.566 (0.0012)	1.818 (0.0014)	1.925 (0.0011)	1.571 (0.0014)
	개천용기회 불평등지수	0.4018 (0.0342)	0.4115 (0.0430)	0.4698 (0.0624)	0.5078 (0.0847)	0.5508 (0.1231)	0.8123 (0.0971)

참고: 괄호 안의 숫자는 부트스트랩 1,000번 시행으로 얻은 표준편차임.

분포함수가 교차되는 것을 확인할 수 있는데, 이것이 확률지배관계가 확인되지 않는 이유로 보인다. 이를 제외한 모든 경우에서 저학력과 고학력, 저학력과 중학력, 중학력과 고학력 간의 확률지배관계가 확인되었다. 또한 고학력과 중학력의 격차가 중학력과 저학력의 격차보다 더 심하다는 것을 알 수 있다.

〈표 10〉은 두 가지 기회불평등지수인 지니불평등지수와 개천용불평등지

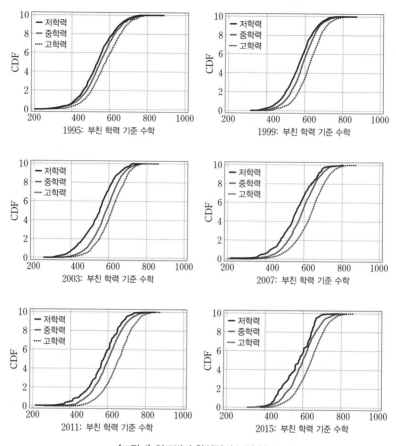

<그림 4> 연도별 수학성적의 누적 분포

수로 기회불평등도를 분석한 결과이다. 먼저 수학점수의 분석결과를 살펴보면, 1995년의 개천용불평등지수는 21.80, 2015년의 개천용불평등지수는 82.23으로 급격한 증가를 확인할 수 있다. 과학점수의 경우에도 각 40.18, 81.23으로 같은 현상을 보인다. 지니불평등지수의 경우 2011년까지 증가했다가 2015년 감소한다.

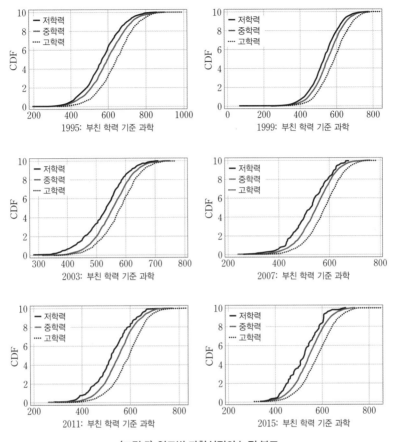

〈그림 5〉 연도별 과학성적의 누적 분포

VI. 결론

지금까지 대학수학능력시험 성적자료, 중학교 학력평가자료, 그리고 국제 교육성취도평가자료(TIMSS) 이 세 가지 자료를 기초로 대학 진학 단계와 중학교 단계의 성적에 나타난 가구환경별 기회불평등의 존재를 확인하였다.

남성보호자의 학력과 가구의 월평균 소득이라는 두 가지 환경변수를 활용하여 기회불평등의 존재 여부를 살펴본 바, 두 환경 모두 수능 언어영역 및 외국어영역에서 기회불평등이 존재하는 것으로 나타났고, 가장 높은 수준의 환경집단이 나머지 집단을 모든 경우에 확률지배하는 것을 알 수 있었다. 지니기회불평등지수와 개천용불평등지수를 이용한 기회불평등도를 분석한 바, 남성보호자의 학력을 환경변수로 사용하는 경우가 가구 월평균 소득을 사용하는 경우에 비해 기회불평등도가 더 큰 것을 알 수 있었다. 그리고 외국어영역의 기회불평등도가 언어영역보다 더 높은 것으로 나타났다.

그리고 학생들의 노력을 통제한 분석결과, 모든 노력수준에서 가장 높은 환경 수준의 집단과 가장 낮은 환경 수준의 집단 간에 확률지배관계가 확인되어, 기회불평등이 존재하는 것을 확인할 수 있었다. 흥미로운 것은 학생들의 노력수준이 높아질수록 가구환경별 기회불평등도가 감소하는 것으로 나타났다는 점이다.

중학교 학력평가 분석에서도 수능성적자료 분석에서와 대체로 동일한 결과를 얻을 수 있었다. 흥미로운 것은 수능성적자료 분석에서보다 기회불평등이 더 뚜렷하게 나타나고 있다는 점이다. 특히 개천용불평등지수의 경우 영어, 수학에서 모두 0.7 이상의 값을 갖는 것으로 나타나서 수능자료의 개천용불평등지수값보다 더 높다는 것을 확인하였다. 이는 내신 성적에서 가구환경별 기회불평등이 더 크게 나타날 수 있다는 것을 의미한다. 이러한 결과는 내신성적 위주의 대학생 선발이 수능성적을 통한 선발보다 기회불평등의 관점에서 반드시 바람직하다고 볼 수는 없으며, 오히려 기회불평등을 악화시킬 수 있다는 점을 시사한다.

국제교육성취도평가자료(TIMSS) 분석에서도 1995년에서 2015년까지 전 시기에 걸쳐서 기회불평등의 존재가 확인되었다. 지니기회불평등지수는 조사 기간 중 증가나 감소의 추세를 보이지 않았으나 개천용불평등지수는 0.4에서 0.8까지 크게 상승한 것으로 나타났다. 이러한 변화는 세 환경집단의 구성에서 저환경집단(부친 학력이 중졸 이하)의 비율이 이 기간 동안 감소한 것 때문이라 생각한다. 그럼에도 불구하고 개천용불평등지수의 값이 0.8이라는 것은 기회불평등의 심각성을 잘 나타내 주고 있다.

　대학입시에서 현행 소득 수준과 출신지역 중심의 기회균등 혹은 지역균형 선발제도는 기회불평등을 완화하는 데 중요한 의미가 있다고 볼 수 있다. 다만 가구소득뿐만 아니라 가구주의 학력 정보가 활용된다면 그 실효성이 더 높아질 것이다. 또한 기회불평등 개선을 위하여 자기학습시간과 사교육비 지출에 있어서 가구환경 간의 불균등을 해소하는 방안을 생각해 볼 수 있을 것이다. 특히 자기학습시간이 높아짐에 따라 기회불평등도가 감소하는 것을 볼 때, 자기학습시간의 환경별 격차를 줄이는 방안이 필요할 것이라 생각한다.

부록

⟨표 A-1⟩ 남성보호자 학력 환경하 수능점수 기초통계량

(단위: 개, 점)

	환경수준	언어영역					외국어영역				
		빈도	평균	표준편차	최소값	최대값	빈도	평균	표준편차	최소값	최대값
05학년수능	저학력	381	89.67	21.70	0	33	381	87.26	19.19	0	131
	중학력	1023	96.95	19.80	0	134	1023	94.38	20.80	0	139
	고학력	604	102.64	18.52	0	135	604	103.76	19.83	0	139
11학년수능	저학력	239	93.91	19.49	41	131	234	89.66	17.89	53	133
	중학력	1712	95.79	20.09	27	140	1675	93.66	18.63	46	140
	고학력	1735	103.51	18.87	43	140	1710	103.79	19.01	53	142

⟨표 A-2⟩ 가계소득 환경하 수능점수 기초통계량

(단위: 개, 점)

	환경수준	언어영역					외국어영역				
		빈도	평균	표준편차	최소값	최대값	빈도	평균	표준편차	최소값	최대값
05학년수능	저소득	381	92.56	20.98	0	129	381	90.10	20.63	0	135
	중소득	1080	96.74	20.10	0	135	1023	94.49	20.35	0	139
	고소득	580	101.70	18.84	0	135	604	101.88	21.11	0	139
11학년수능	저소득	215	93.55	21.74	41	133	209	89.90	19.16	58	139
	중소득	1506	97.32	20.26	27	138	1477	94.63	19.00	46	142
	고소득	1652	103.28	18.20	42	140	1637	103.64	18.63	53	142

고제이·이우진, 2011, "아버지의 학력과 아들의 성취," 『재정학연구』, 4(2), 47-87.

김세직, 2014, 경제성장과 교육의 공정경쟁, 『경제논집』, 53, 3-20.

김영철, 2011, 고등교육 진학단계에서의 기회형평성 제고방안, 『KDI 정책연구시리즈』. 6.

김우철·이우진, 2008, "한국 조세재정정책의 기회 평등화 효과에 대한 연구: 소득 획득에 대한 기회를 중심으로," 한국조세연구원 연구보고서.

김진영·전영준·임병인, 2014, "부모 학력에 따른 학업성취도 격차의 국제비교," 『재정학연구』, 7, 27-57.

김희삼, 2009, "한국 사회의 세대 간 경제적 이동성 분석," 『KDI 정책연구시리즈』 3.

_____, 2012, 학업성취도 분석을 통한 초, 중등교육의 개선방향 연구, 『KDI 연구보고서』, 9.

오성재·강창희·정혜원·주병기, 2016, "가구환경과 교육 성취의 기회: 대학수학능력시험 성적을 이용한 연구," 『재정학연구』, 88(4), 1-32.

오성재·주병기, 2017, "한국 사회의 소득기회불평등에 대한 연구," 『재정학연구』, 89, 3.

정운찬·김병연·김세직·김영식·박상인·이정민·이철희·주병기, 2017, 『서울대 경제학자 8인이 말하는 한국경제』, 율곡출판사.

주병기, 2017, 재분배 정책에 대한 정의론적 고찰, 「2016 재정전문가네트워크 재정법·제도분과 보고서」, 제5장, 한국조세재정연구원.

통계청, 사회조사보고서, 1999, 2003, 2006, 2009, 2011, 2013, 2015.

Arneson, R., 1991, Equality and equal opportunity of welfare, *Philosophical Studies*, 56, 77-93.

Atkinson, A. B., 1970, On the measurement of inequality, *Journal of economic theory*, 2(3), 244-263.

Barro, R.J., 1990, "Government Spending in a Simple Model of Endogeneous Growth," Journal of Political Economy, 98(5), 103-25.

_____, 2000, "Inequality and Growth in a Panel of Countries," *Journal of Economic Growth*, 5(1), 5-32.

Cohen, G. A., 1989, *On the currency of egalitarian justice, Ethics*, 99, 906-944.

Davidson R. and Duclos J., 2000, Statistical Inference for Stochastic Dominance and for the Measurement of Poverty and Inequality, Econometrica, 68(6), 1435-1464.

Fainstein, S.S., 2001, "Competitiveness, cohesion, and governance: Their implications for social justice," *International Journal of Urban and Regional Research*, 25(4), 884-888.

Jaimovich, N., and S. Rebelo, 2012, "Non-Linear Effects of Taxation on Growth,"NBER

Working Paper No.18473, Cambridge, Mass.: National Bureau of Economic Research.

Kaldor, N., 1957, "A Model of Economic Growth," *The Economic Journal*, 67(268), 591-624.

Lazear, E.P., and S. Rosen, 1981, "Rank-Order Tournaments as Optimum Labor Contracts," *Journal of Political Economy*, 89(5), 841-64.

Lefranc, A., Pistolesi, N., Trannoy, A., 2008, "Inequality of opportunities vs. inequality of outcomes: Are Western societies all alike?" *Review of Income and Wealth*, 54(4), 513-546.

_____, 2009, "Equality of opportunity and luck: Definitions and testable conditions, with an application to income in France," *Journal of Public Economics*, 93, 1189-1207.

Muller, E.N., 1997, "Economic determinants of democracy," In M.I. Midlarsky (ed.), *Inequality, Democracy and Economic Development*, Cambridge University Press, Cambridge.

Nafziger, E.W. and J. Auvinen, 2002, Economic development, inequality, war, and state violence, *World Development*, 30(2), 153-163.

Okun, A.M., 1975, *Equality and Efficiency: the Big Trade-Off*, Washington: Brookings Institution Press.

Organization for Economic Co-operation and Development(OECD), 2015, In It Together: Why Less Inequality Benefits All, OECD Publishing.

Rawls, J., 1971, *A Theory of Justice*, Harvard University Press, Cambridge, MA.

_____, 1999, *A Theory of Justice, Revised edition*, Harvard University Press, Cambridge, MA.

Roemer, J., 1998, Equality of Opportunity, Harvard University Press, Cambridge, MA.

Young, I.M., 1990, *Justice and the politics of difference*, Princeton University Press, Princeton, NJ.

Young, I.M., 2000, *Inclusion and democracy*, Oxford University Press, New York.

Zimmerman, Ekkart, (1980), Macro-comparative research on political protest, In T.R. Gurr (ed.), *Handbook of Political Conflict: Theory and Research, Macmillan,* London.

제4장

노동시장의 변화와
청년세대 젠더 갈등

권현지

이 글은 서울대학교 사회학과 박사과정의 김일환, 한국노동연구원의 정성미 선임연구원의 도움을 받아 작성되었다.

I. 서론

그간 온라인상에 범람하던 소위 '여성혐오' 담론이 오프라인에도 확산되고 있다. 혐오 담론의 확산과 함께 젠더 갈등이 심화되고 있다는 증거가 적지 않다. 2016년 5월 강남역 살인사건은 사건 자체로도 충격적이었지만, 사건 후 그 성격을 둘러싸고 페미니즘에 대한 공방을 격화시켰다는 점에서도 주목할 만했다. 불특정 젊은 여성을 살해한 가해자가 '평소 여자들이 나를 무시했다.'라고 발언한 것이 범행 동기로 전해지며 일각에서 페미사이드(femicide)가 거론될 정도로 여성들의 공포와 분노가 증폭되었고 대대적인 추모와 페미니스트 연대운동이 벌어졌다. 남성과 수적으로 동등하지만 구성상 상당한 이질성을 지니는 여성이 동질적 집단 정체성을 지닌 소수자로 인식될 수 있음을 보여 준 사건이라는 해석도 제시되었다. 그러나 조현병 환자 개인의 우발적 범죄를 두고 페미니스트들이 혐오범죄로 몰고가는 것이 넌센스이고, 오히려 갈등을 조장하는 것이라며 불쾌감과 적대감을 드러내는 남성이 적지 않았고, 급기야 온라인에서 안티페미니즘 운동이 확산되기도 했다.

이 글을 쓰고 있는 2017년 현재도 젠더 갈등은 그 양상을 다양하게 변주하며 진행 중이다. 서울 한 초등학교 교사의 페미니즘·성소수자 교육을 두고 온-오프라인에서 해당 교사 파면을 주장하는 등 교사 개인과 페미니즘에 대한 공격이 벌어진 것이 한 예이다. 이에 대응해 젠더 및 소수자 교육의 필요성과 정당성에 대한 지지와 연대, 그리고 안티페미니즘에 대한 반격이 전개되었다. 일견 논란의 여지가 없을 듯한 이슈에도 젠더 간 대립이 재현된다. 최근 유해성 논란이 일고 있는 생리대 문제를 둘러싼 대립이 그 예다. 사용 여성들과 여성단체들의 우려와 집단 항의, 그리고 대안 생리대 모색 움직임에 대해 일부 남성들이 사용자의 건강을 염려하기보다 여성과 페미니즘이 극성스럽다며 비난하는 기현상이 연출되었다. 돌출적이라기보다 누적된 갈등의 관습적 재현이라 볼 만한데, 이를 두고 한 연구자는 전통적 젠더관념을 가진 남성들이 성적 주체성을 드러내는 여성들에 대해 조롱과 멸시를 드러내는 현상이라 해석하기도 했다(김수아 2017). 젠더 (인식) 격차는 21세기 한국 사회에서 갈등의 원천으로 전면화되는 양상이다.

그런데 젠더 간 갈등 양상이 청년세대에서 유독 첨예하다는 점은 특기할 만하다. 이에 대한 설명으로 우선 갈등적 담론이 주로 생산·재생산되는 장의 특성에 주목할 수 있다. 익명성 위에 격한 표현이 여과없이 충돌하는 사이버 공간이 혐오와 갈등의 담론을 주로 매개하고 있으며, 이 사이버 공간의 주축 세대가 온라인 논쟁을 일종의 놀이의 영역으로까지 확대한 지금의 청년세대이기 때문이다. 그런데 사이버 공간은 갈등을 증폭시키거나 재생산하는데 기여할 수는 있지만, 갈등의 근원으로 설명될 수는 없다. 또 다른 설명으로 전통적인 젠더 관념을 부정하는 움직임이 어느 때보다 강하게 전개되고 있음에도 불구하고 다시 이를 재생산하려는 가부장 문화 및 제도 역시 강하게 지속되는 현실의 양면성에도 천착할 수 있다. 최근 임신중단권(낙태) 법제화 요구에서 볼 수 있듯이 여성 청년세대를 중심으로 몸과 성의 자기결정권에 대한 인식 및 주장은 어느 때보다 강하다. 반면 최근 발간된 성적 행위 패턴에 대한 한 연구는 2014년 조사결과 10년 전에 비해 2-30대 남성의 피임률이 오히려 낮아졌다고 보고하며, 임신·출산에 대한 남성의 낮아진 책임의식을 지적하고 있다. 그런데 구체적 이슈별로 정도의 차이는 있지만, 이러한 전환기적 문화의 양면성은 여성주의가 우리 사회에 정착하기 시작한 지난 2-30년간 지속적으로 진행되어 왔다고도 볼 수 있는 현상이다. 따라서 '왜 지금 청년세대에 유독?'이라는 물음에는 효과적으로 답하기 어렵다.

필자는 양성이 격돌하는 (온라인)장의 성격, 가부장적 문화와 제도를 둘러싼 전환기적 충돌을 통해 현재의 갈등에 접근하는 데 동의하면서도 청년세대를 중심으로 한 젠더 대립의 최근 양상과 갈등의 사회경제적 원천에 보다 천착할 필요가 있다고 본다. 그리고 그 핵심에 교육-노동시장 이행의 전환기적 특성, 노동시장 관행의 변화와 지속 그리고 불평등의 구조가 있다고 주장한다. 이 글은 최근 청년세대를 중심으로 격화되고 있는 젠더 갈등 혹은 대립적 젠더 담론 확산의 저변에 깔린 이행기 노동시장의 특성을 다루어 보는 시론이다.

II. 새로 부상한 여성혐오(misogyny) 담론과 젠더 관계의 역사적 전개

한국에서 '여성혐오'라는 말이 일상 언어체계의 수면에 떠오른 것은 2010년 이후다. 이 언어의 의미가 학문적으로 채 정립되기 이전이었음에도, 대중적 확산 속도는 의외로 상당히 빨랐다. 특히 청년들에게는 '여혐'이라는 단축어가 이미 일상언어로 정착했을 정도다. 외국어 'Misoginy'가 한국어 '혐오'로 정착된 것은 우에노 치즈코의 저작 『女ぎらい: ニッポンのミソジニ』(여성을 싫어함: 일본의 미소지니)가 2012년 '여성혐오를 혐오한다'로 번역되면서부터다. 그런데 여성에 대한 편견과 비하, 증오 등을 의미하는 'misogyny'를 '혐오'라 번역할 때 생겨날 오해와 오용의 소지는 상당하다. 한국어에서 '혐오'는 싫어하고 미워하고 역겨워하여 꺼리는 등 대체로 개인적인 감정으로 이해된다. 따라서 이 말을 사용하는 대중은 'misogyny'가 사회적·레짐적 문제에 집중하는 개념이라는 점을 놓치기 쉽다. 즉, 'misogyny'를 뜻하는 한국어 '여성혐오'는 젠더질서에 담긴 편견과 차별, 비하를 드러내는 집단정서와 행위의 지시어로 명확히 정립되지 못한 채 대중적으로는 개인 감정으로 이해되기도 해 불필요하게 갈등을 증폭시키는 경향도 있다. 젠더 문제는 공적인 장뿐 아니라 사적인 장에서 벌어지는 일상적 상호작용과 개인 정서에 거의 매순간 관련되기 때문에 더더욱 그렇다.

Flood(2007)에 따르면 misogyny는 수천 년 지속된 가부장제 혹은 남성지배적 사회에서 권력과 의사결정, 자원에 대한 여성의 접근을 제한하고 여성을 한계적, 종속적 위치에 놓는 차별적 이데올로기와 신념체계를 뜻한다. 또 misogyny는 소수 성에 대한 사회적 배제, 성차별, 남성 중심성, 가부장제, 남성우월주의, 여성비하, 여성에 대한 폭력, 성적 대상화 등 인식과 행위를 포괄하는 개념적 확장을 보여 주고 있다. 우에노 치즈코도 자신의 저서에서 여성을 남성과 동등한 성적 주체로 인정하지 않는 여성의 객체화, 타자화 즉 여성 멸시를 여성혐오라고 칭하며 이를 일본적 '젠더질서의 심층적 핵'이라 하였다(우에노 치즈코 2012: 12-13; 김수아 2015: 283). '혐오'의 정서가 단순히 개인 감정이 아니라 성차별 구조와 젠더질서를 유지하려는 집단적 정서구조라 본 것이다. 이나영 역시 소수자로서의 여성의 지위를 강조하고, 혐오를 '여성에 대한 뿌리깊은 편견', '여성이라는 이유로 낙인찍거나 남자보다 열등한 존재로 여기는 모든 생각'이라고 매우 포괄적인 정의를 내린다(이나영 2016: 158).

위의 여러 논의를 정리하면 혐오는 특정 대상을 극히 싫어하는 주관적 감정 상태가 아니라 소수자집단에 대해 역사적·사회적으로 구성된 편견과 차별에 기초한 정서와 행위의 구조라 요약할 수 있다. 이렇게 보면 한국 사회에서 전개되고 있는 젠더 갈등의 한 단면으로서 여성혐오는 본격적인 산업화 이후 유례없는 사회경제적 위험에 처한 청년남성이 장기지속적 젠더 불평등 구조에 기대어 소수자 여성에 대한 차별을 정당화함으로써 자신의 상대적 우위를 복원하려는 사회심리의 구조로 이해할 수 있다. 또 동시에 이들이 상실해 가고 있는 가부장적 젠더질서와 남성성을 대면하면서 만들어 내고 있는 당혹과 저항의 심리구조를 반영한다고도 할 수 있다.

그런데 '여성혐오'라는 단어가 통용된 것은 최근이지만, 이 개념이 지칭하는 바 여성을 '멸시', '비하'하고 '성적 대상화'하는 집단 정서와 그 발현은 전혀 새로운 현상이 아니며 오랜 기간 지속되어 왔다. 단, 시대 상황에 따라 그 양태는 상이하다. 최근 '혐오'라는 언어가 치닫는 갈등의 양상을 담고 있다면, 지난 5-60년간 '혐오'는 여성 비하와 성적 대상화를 통한 통제의 성격이 강했다.

예로 전쟁에서 죽거나 다친 남성을 대신해 여성 가장들의 사회 진출이 활발해진 전후 한국 사회에서는[1] 상처받은 남성성과 남성적 권위를 회복하고 기존의 젠더질서를 유지하려는 집합적 의도가 '아프레걸', '양공주', '직업여성' 등 특정 방식의 여성혐오와 연계되기도 했다는 점을 들 수 있다. 이는 전후 한국 사회가 경제적, 물리적으로 위축된 남성성과 대면하게 되었다는 사실과 관련된다(이임하 2004; 허윤 2016). 미군정과 한국전쟁을 경과하면서 미군 남성의 위세와 대비되어 위축되고 무기력해진 한국의 남성(성)을 감추고 권위를 유지하려는 집단화된 의식·무의식적 정서가 과잉된 여성성을 지목하여 문제시하고 비난, 비하하는 방식으로 드러났다고 해석할 수 있다(이임하 2004).

위의 예는 특정 여성성에 대한 사회적 단속 및 억압과도 연계된다. 과잉된 여성성에 대한 억압과 순종적 여성성에 대한 동원은 권위주의 국가에서 가부장적 질서 회복 및 수출 주도 산업화와 연결되어 한층 강화되었다. 한국에서 가부장 권위의 경제적 기반이 회복되기 시작하고 가족임금을 받는 가부장 1인의 생계 부양자와 핵가족 모델을 규범화한 시점을 중화학공업화가 비로소 궤도에 오른 1970년대 중후반이라고 본다면, 그 이전에는 실추된 가부장의 권위를 회복하기 위한 다양한 규범적 장치와 전략이 사용되었다. 주목할 만한 것은 장자에 대한 차별적 투자, 특히 교육투자를 통해 중장기적인 가족 생존 전략이 모색되었다는 점이다. 그리고 이러한 가족 재건 전략은 가부장적 권위와 위계에 근거한 장자 위주의 젠더 및 가족 규범으로 정당화되었는데, 흥미로운 점은 가장의 권위를 보전하는 데 방해가 될 기혼여성의 공적 경제활동 참여는 이때에도 규범화되지 못했다는 점이다. 이에 따라 가족의 생계와 장자에 대한 교육비용을 충당하기 위한 가족의 주요 소득원으로

---

[1] 통계적 신뢰성에 문제는 있을 수 있지만 전체 여성 중 직업을 가진 여성의 비율은 1951년과 1952년에 각각 63.7%, 58.4%로 나타났다(허윤 2016).

동원된 가족구성원은 미혼의 딸과 장남 이외의 아들이었다. 특히 초기 산업화 단계에서 도시 노동력으로 대거 유입된 10대 후반 20대 초반 여성이 산업화와 가족 경제의 재건을 위해 담당한 역할은 지대했다(구해근 2000; 유경순 엮음 2011). 이들은 장차 집안을 일으켜 세울 맏아들에 대한 교육비와 당장의 가족 생계비를 벌기 위해 농촌을 떠나 도시의 저임 공장노동자, 서비스노동자로 일하며 가족의 의무에 순종하고 헌신했다(권현지 2015). 그러나 이들의 이러한 순종적 노력은 이른바 '안내양', '공순이' 등으로 축소되고 비하된 채 가치를 인정받지 못했다. 이들에 대한 비하는 초장시간의 열악한 노동이 일상화된(sweatshops) 작업장에서 젠더 간 서열화를 기정사실화함으로써 남성 관리감독자에 대한 여성노동자의 내면화된 순종과 저임금에 대한 순응을 이끌어 내기 위해 도구화된 면도 있다. 물론 여성노동자가 순종적이기만 했던 것은 아니다. 착취와 비하가 극에 달한 1970년대 말 1980년대 초중반 인천, 구로 지역 등 노동집약적 여성 사업장이 밀집된 공단지역에서 당사자의 자생적 각성과 학생운동의 결합으로 만들어진 노조운동이 크게 고조되기도 했다(구해근 2002; 유경순 엮음 2011). 동일방직, YH 쟁의 등이 대표적예다. 그러나 주류 노동조합의 외면 속에 전개된 이들 여성 중심 노동운동은 곧 진압되었고, 중화학공업 노동자가 중심이 된 1987년 남성 중심 노조운동이 노동계급 운동의 주류로 공인되면서 그 존재와 의미 모두 급격하게 축소되고 잊혀져갔다(권현지 2015, 〈그림 1〉 참조). 이는 초기 산업화 과정에 헌신하고, 87년 노동운동의 밑거름으로 작용했던 여성노동자가 민주화 이후에도 여전히 공순이로부터 동등한 노동계급 운동의 일원으로 복원되지 못했음을 의미한다.

한편, 1980년대 중후반 권위주의적 정치 및 노동체제의 종결과 사회민주화 흐름은 국가, 기업 및 가족이 여성에게 순종을 요구하던 가부장제도에도 일시적으로 제동을 걸었다. 사회민주화운동과 함께 성장한 여성주의운동은 공적·사적 공간에서 여성에 대한 비하와 멸시, 차별적 관행과 제도에 도전하

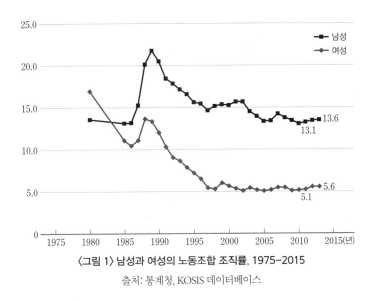

〈그림 1〉 남성과 여성의 노동조합 조직률, 1975-2015

출처: 통계청, KOSIS 데이터베이스

면서 공공연한 혐오 표현이 적어도 규범적으로 옳지 않다는 인식의 바탕을 만들었다. 여성주의운동은 떠오르던 사무직 여성운동과 연대하고, 가족 내 젠더 관계 변화에 천착했으며, 제도화 운동에 주력했다. 성을 이유로 한 차별의 법적 부당성을 선언한 87년 12월 '남녀고용평등법' 제정이 대표적 성과다. 공공연하던 결혼퇴직제가 법적으로 금지되었으며, 1990년대 초반 대기업을 중심으로 남녀 구분 없는 공채제도가 비로소 확산된 것도 이 시기다. 여성주의운동의 약진에 따라 사회 전반에 젠더 평등에 대한 인식과 행위규범이 확산되고, 여성을 제약하거나 억압하는 성희롱, 성폭력이 처음으로 사회적 문제로 부각되고 범죄로 인식되는 등 젠더 관계에 상당한 변화가 수반되었다. 때맞춰 불기 시작한 1990년대 초반 세계화 추세에 동참하자는—더 정확하게는 글로벌 경제로의 통합을 적극 추진하자는—흐름도 여기에 가세했다. 심각한 수준의 젠더 불평등이 서구 산업국과 비교되면서 OECD 등 선진국 대열에 동참하는 데 결격 요소를 줄일 제도 확충의 필요성이 여성운동의 요구에 힘을 실었다.

그런데 이 시기의 중요성은 젠더질서 그 자체의 변화보다는 체제에 순종적이던 여성의 자각과 후속 세대에 대한 평등교육이 시작되었다는 점에 있다고 보는 것이 더 적절하다. 이는 남성지배적 젠더체제를 둘러싼 양성 간 집단적 갈등의 동학에 기초를 제공하였으며, 한국 사회가 민주화 이전 일방적인 권위적 남성 지배체제로는 더 이상 회귀할 수 없는 분기점을 지났음을 의미한다.

III. 혐오 동학의 변화: 지난 10여 년간의 사회경제적 변화와 젠더 갈등

2000년 출범한 국민의 정부는 정책 개발, 연구, 법제화, 예산 할당, 계획 수립, 실행 감시 등 모든 제도 작동 과정에 성인지적 관점을 적용함으로써 결과적으로 젠더 평등을 촉진한다는 젠더주류화(gender mainstreaming) 원칙을 수용하며 각종 제도의 변화 및 심화를 예고했다. 그러나 이 시기 전개된 젠더정책은 기대만큼 공적 영역의 평등에 기여하지는 못했다. 최근까지도 세계 최하위권을 맴돌고 있는 한국의 글로벌 젠더격차(Global Gender Gap) 지수가 이를 단적으로 반영한다. 정책이 젠더 평등에 기여하는 방향으로 일관되게 추진되지 못한 데에는 다양한 원인이 있지만, 그 중에서도 1980년대 후반 이후 약 10년간의 민주화·세계화 상황과는 다른 사회경제적 상황이 21세기로의 전환기 한국 사회에서 전개되기 시작했다는 점은 특기할 만하다. 1990년대 말 예기치 못한 경제 위기가 몰고 온 충격은 여성주의운동이나 젠더 평등에 대한 사회적 반응을 변화시켰다. 여성주의운동을 억압적 사회 관계로부터의 해방과 민주화의 한 주요 축으로 인정하고 양성평등의 대의에 명시적으로 반발하기 어려웠던 민주화 이후 10년과는 달리, 1997년 위기 후 한국 사회에서는 여성주의운동에 대한 반발과 갈등이 증폭되기 시작했다.

갈등은 시민사회에서 공적 제도화 영역으로 확장되고 미시 생활세계로 파고들어가기 시작한 여성주의운동이 기존의 젠더질서와 규범 그리고 남성성에 강하게 도전하는 데 대한 반발(backlash)의 수위가 높아지면서 함께 증폭되기 시작했다고 볼 수 있다. 하지만 그 원천을 가부장적 규범을 유지하려는 남성의 보수적 정서에 돌릴 수만은 없다. 운동이 시작된 1980년대 중반과 비교할 때 1990년대 말 2000년대 초 크게 달라진 경제와 노동시장 상황이 제공한 물질적 기초를 무시할 수 없기 때문이다. 즉, 민주화 초기 사회정치적 분위기뿐 아니라 성장기 낙수효과가 기대되던 1980년대 후반부터 1990년대 초반까지 평등 요구에 대해 관대함이 유지되었던 데 비해, 초유의 국가 부도 사태로 치달았던 위기 후 경제 상황에서 기존의 남성 중심 사회가 성평등 요구 특히 성평등을 위한 제도화에 수동적으로 공격성향을 드러내기 시작했다고 볼 수 있다.

경제 상황의 변화와 맞물려 여성이 좋은 일자리를 놓고 남성과 실질적 경쟁자로 떠오르기 시작했다는 점 역시 중요하다. 80년대 중후반 자녀 수 축소, 급격한 경제 성장에 수반된 중산층의 부상, 정부의 고등교육 확대 정책, 그리고 앞에서 언급한 바 있듯이 때마침 불기 시작한 민주화 및 양성평등운동 등으로 여성권리에 대한 사회적 자각이 고양되면서 여성과 남성의 교육 격차가 크게 축소되기 시작했다. 뒤에 살펴보겠지만 아들뿐 아니라 딸에 대한 고등교육 투자도 급증했다. 이는 여성이 남성과 동등한 자격을 갖추고 노동시장에서 남성과 직접적으로 경쟁하는 대상으로 급격히 부상하면서 노동시장의 격차를 어느 정도 당연시하던 남성에게 실질적 위협이 되기 시작했다는 의미다. 특히 좁아지고 불안정해진 노동시장을 만들어 낸 위기 후 경제는 젠더 평등 요구에 대한 남성의 반발을 본격화했다. 남성가장이 대거 실직하고 가부장적 권위가 적어도 경제적 측면에서 위태로워지면서, 그리고 고용과 임금소득의 안정성에 대한 기대가 크게 축소되고, 그에 따라 결혼 및 가족을 부양하기 위한 장기계획의 실행가능성이 불투명해지면서, 또한 여성이 노동시장의 실질적 경쟁자로 새로 부상하면서 남성, 특히 노동시장 진입기에 선 남성의 위기감과 상실감이 크게 증가했다. 한국 사회가 최근 경험하고 있는 새로운 양태의 여성혐오는 이같은 사회경제적 맥락에서 자라났다.

변화된 사회경제적 상황에 처한 양성 모두의 객관적, 주관적 상황 변화를 살피지 않는다면 이 시기 이후 혐오의 동학이 변화된 상황을 이해하기 어렵다. 전술한 바 있듯이 전후 약 40여 년간 여성혐오가 가부장적 사회질서를 구축, 공고화하기 위해 여성을 억압하고 동원하는 효과적 기제로 활용되었다면, 최근 여성혐오는 이런 구조적 기능성보다는 젠더 갈등을 한층 강화하는 양상으로 전개되었다는 점에서 크게 구별된다. 즉 더 이상 순응하지 않는 여성의 정서 및 행동과 이에 대한 남성의 반작용 등 젠더 관계의 역동성이 수면 위로 떠올라 전개되고 있기 때문이다. 이런 변화를 읽기 위해서는 1980년대 중후반에서 1990년대 중후반까지 10여 년간 만들어진 양성평등의 물질적·정신적 기초와 1990년대 후반 사회 전반을 뒤흔든 위기 국면에서 남녀 모두의 좌절과 혼란 그리고 강화된 젠더 불평등의 구조를 이해해야 한다.

이런 점에서 위기 후 한국 사회에서 개인과 사회적 삶의 불확실성과 위험이 앞에서 언급한 남성만의 경험이 아니었다는 점을 강조하는 것은 매우 중요하다. 호황 끝에 갑작스럽게 찾아온 위기 속에서 대거 일자리를 잃어 사회적 연민의 대상이 된 남성가장과는(배은경 2009) 달리 사회적 주목을 받지 못했으나 어느 때보다 깊어지고 명시화된 불평등을 대면하면서 여성이 경험한 곤란과 좌절 역시 깊었다. 우선 위기 후(post crisis) 노동시장에서는 대대적인 고용 조정이 단행되었고, 퇴출자 우선 순위를 정하는 과정에서 여성의 일차적 자리는 가정이라는 낡은 규범을 되살려 냈다. 고용 조정 상황에서 사내 맞벌이라면 아내의 퇴직을 종용하는 퇴행이 종종 관찰되었으며, 30% 일괄 구조조정이 단행되었던 은행산업 등에서는 상당수 여성이 정규직으로부터 퇴사한 후 비정규직으로서 얼마 전 자신의 정규 일자리, 같은 업무를 대체하는 상황이 연출되었다(조순경 2007; 권현지 2008). 노동시장 진입을 준비하던 여성에게 좌절은 더 강하게 왔다. 경제 위기가 몰고 온 고용 위협과 대대적인 유연화는 1990년대 민주화와 호황 국면에서 높은 인적 자본과 사회적 의식을 갖추게 된 여성을 대거 이차 노동시장(secondary labor markets)에 재집중시켰다. 노동시장에 진입하는 젊은 여성의 비율은 증가했지만, 위기 후 정규 노동시장의 벽은 높았고 젊은 여성의 구성비가 높은 사무, 판매 및 서비스 직종의 일자리에서는 비정규, 특히 임시 계약직 일자리라는 새로운 노동시장 규범이 급격히 그리고 강력하게 정착했기 때문이다(권현지 2008). 얼어붙은 노동시장에서 기업이 빠르게 전파한 젠더규범과 젠더질서의 재생은 대졸 고학력 여성의 대거 진입이라는 노동력 공급 흐름 및 젠더 주류화 등으로 추진된 제도 개선 흐름과는 크게 모순되는 것이었다. 이러한 모순적 노동시장은 노동자 대중 특히 사회 진출을 준비하던 남성과 여성을 모두 혼돈에 빠뜨렸다.

가족 부양의 책무를 위해 좋은 일자리는 남자에게 우선되어야 한다는 기대를 아직 버리지 않은 남성과, 같은 능력을 지녔는데 차별당할 수 없다고 생각하기 시작한 여성의 일대 격돌은 불가피했다. 최근 벌어지고 있는 '여성혐오' 담론의 뿌리라 할 수 있는 군가산점 폐지 논란이 이런 전환기에 발생한 것은 우연이 아니다. 2000년 전후 벌어진 군가산점 논란은 다섯 명의 대학생이 공직이나 민간기업 채용 시 군필자에게 부여되는 가산점이 위헌이라는 헌법소원을 내면서 젠더 대결로 본격 점화되었다. 헌법재판소가 군필자에게 5%의 가산점을 부여하는 공무원 채용 전형이 위헌이라는 판결을 내리면서 인터넷과 PC통신 게시판은 성차별 반대와 군의무를 지지 않는 여성 특권을 옹호하는 역차별이라며 반발하는 남녀 간 격렬한 사이버논쟁으로 뒤덮였다(윤보라 2013: 41).

한국 사회 남성의 정체성을 구성하는 핵심 요소 중 하나인 '군필'과 그에 대해 수십 년간 부여되던 가산점이 새삼 2000년에 격한 논쟁의 대상이 되었다는 사실을 이해하는 핵심은 위에 언급한 위기 후 노동시장의 변화에서 찾을 수 있다. 악화된 노동시장을 둘러싼 여성과 남성의 구체적인 반응이 이 갈등의 핵심에 있다. 노동시장의 신규 채용이 얼어붙고 안정성이 크게 악화되는 상황에서 가시적, 비가시적 차별을 피하려는 여성의 선택이 군가산점의 수혜영역이던 7급, 9급 공무원과 공기업 등 공공 부문에 집중되었다. '사오정' 등의 당시 유행어가 보여 주듯 남성들 사이에도 고용안정성과 장기 경력 전망이 급격히 낮아진 민간 부문에 비해 임금은 다소 낮지만 고용과 소득의 안정성을 보장하는 공공 부문 취업에 대한 선호가 크게 높아졌다. 치열한 경쟁의 장이 되어버린 공공 부문 취업시장에서 5%의 가산점은 당락을 가름하고도 남을 만한 변수였다. 군가산점을 둘러싸고 치열하게 벌어진 사이버 공간에서의 젠더 갈등 배경에는 이와 같이 특정 사회경제적 맥락, 특히 노동시장의 변화가 있었다.

한편, 갈등의 원천으로 시장적 요소에 대한 이해는 긴요하지만, 갈등의 양상이 여기에 그치지 않았다는 점 역시 강조되어야 한다. 군필이 지닌 양가성, 즉 한국 사회 남성성을 구성하는 핵심 요소이면서 남성에게만 부과되는 사회적 의무가 초래한 피해의식은 병역의무를 둘러싼 노동시장의 갈등이 쉽게 일상의 다른 영역으로 전이될 수 있음을 의미한다. 즉 군가산점 부여를 둘러싸고 벌어진 젠더 갈등의 양상은 노동시장 신규 일자리를 둘러싼 청년들의 성대결이 본격화되었음을 알리는 신호탄이었을 뿐 아니라 노동시장 진입 준비기에 있는 청년기 남녀의 일상생활에까지 젠더 갈등의 정서가 스며들게 하는 계기가 되었다. 이와 관련해 윤보라(2013)는 군가산점을 둘러싼 갈등 양상이 '이후 노동, 정치, 가족, 친밀성 등과 관련된 첨예한 젠더 관련 의제들을 대부분 성대결로 귀결시키는 효과를 발휘하고 있다.'라며 "구조적 차별 해소에 대한 사회적 합의는 점점 요원해지는 가운데 젠더정책은 '여성에 대한 우대'로 개념화되었다."(42쪽)라고 주장했다.

군가산점제 폐지 운동을 성공으로 이끌고 지배적 남성성에 도전했던 여성주의자에 대한 비난은 "2000년대 중반 이후 일반 여성 전반에 확장되어 '여성혐오'적 양상을 보다 분명하게 드러냈다."(김수아 2015)는 평가다. 이에 덧붙여 김수아는 '된장녀'에서 '김치녀'에 이르기까지 "매년 새로운 '녀'가 온라인상에서 만들어지고, 특정한 여성의 신상에 대한 공격과 비난은 물론 여성 일반에 대한 비하와 폭력적 낙인이 확산되는 양상"(김수아 2015: 289)을 기술했는데, 이는 최근 10여 년간 여성혐오가 어떻게 한국 사회에 일상화되었는지를 보여 준다. 같은 맥락에서 2017년 국가인권위원회의 한 조사도 조사 대상 여성의 80% 이상이 온라인에서 혐오 표현을 경험했다고 응답했으며, 그 중 가장 흔한 표현으로 '김치녀'가 지목되었다고 보고했다. '김치'라는 말이 함의하듯 기존에 특정 집단에 국한되던 여타 표현과 달리 '김치녀'는 한국 여성 전반에 적용된 것이라는 점에서 혐오 담론의 확산을 반영한다(엄진 2016: 207; 김수아 2015: 297).

2000년대 중반 이후 여성에 대한 혐오의 집단 정서가 일반화되기 시작한 현상에 대해서 일군의 논자는 앞에서 논의했듯이 과거 남성이 누리던 경제적 지위에 대한 상실감이 극에 달한 청년남성이 여성을 포함한 사회적 소수자에 대한 차별을 정당화하고 옹호하는 것으로 이해한다(손희정 2017; 오찬호 2013). 갈등의 경제적 배경을 강조하는 이러한 시각은 21세기 새로운 대안을 찾지 못하고 표류하는 한국의 남성성에 더 천착할 필요가 있다는 주장과 결부될 때 설득력을 더한다. 배은경(2015)은 더 이상 아버지처럼 살기 어렵다는 것을 받아들일 수밖에 없는 사회경제적 상황에 현재 한국의 청년세대가 서 있다고 말한다. 가부장이 경제적 권위를 유지, 재생산하기 어려운 상황에서 젠더질서의 재구성은 불가피하고, 이 과정에서 발생하는 파열음이 현재 청년세대 내부의 남녀 대립구도를 악화시키고 있다는 것이다. 특히 남성은 친밀성의 영역에서 성과 사랑의 대상이지만 취업시장에서 강력한 경쟁자로 부상하고 있는 여성과 자신의 관계를 재구성하지 못한 채 기존의 남성성이 허물어져가고 있는 전환기적 현실에 위기감을 느끼고 있다. 배은경은 '미친 듯한 노력을 통해서 생존 투쟁을 하는 이들의 눈에 (자기와 친밀한 관계가 아닌) 또래 여성들은 생존을 두고 경쟁해야 할 라이벌'인 한편, '노력하지 않고 성적 매력을 통해 남성을 이용하고 자기의 권리만 찾는 존재로 보이기에, 당연히 경멸해야 할 대상이 된다. 이것이 온라인상에서 최근 크게 문제되고 있는 바 여성혐오의 심리적, 사회적 기반이다.'(배은경 2015: 29 약간 수정)라고 주장한다. 비슷한 맥락에서 김수아(2015)는 '여성혐오'적 표현들의 기저에 '평등 담론'이 존재한다고 본다. '권리만 누리고 의무는 지지 않는', '무책임한' 여성들을 비난하고 혐오의 정당성을 구성하게 하는 핵심(김수아 2015: 299)에 평등 담론이 있다는 것이다. 청년남성은 과거에 아버지세대가 누리던 안정성과 권위를 내게도 인정하고 부여하지 않는다면, 여성 역시 모든 의무를 나와 똑같이 평등하게 수행해야 한다고 주장한다. 같은 논리는 급기야 2017년 현재 국방의무를 평등하게 남녀에 공히 적용해야 한다는 국민청원으로 확대되었다. 그 대척점에서 1990년대 민주화, 평등, 풍요의 시기에 유소년기를 보낸 여성은 애초에 평등하고 공정한 규칙 같은 것은 없었다며 전례없이 전투적으로 몸과 정신의 독립, 그리고 결과의 평등을 주장한다. 이들 사이의 충돌은 최근의 '여성혐오' 현상에 개인으로서 가해자 남성의 피해자 여성에 대한 일방적이고 폭력적인 신념체계 정도로 단순화할 수 없는 복잡한 사회현실이 담겨 있다는 점을 드러낸다.

IV. 젠더 갈등의 선두에 선 청년, 왜?: 교육에서 노동시장으로의 전환기, 계층과 젠더로 분화되는 청년

앞에서 갈등의 원천을 제공하는 주요 장으로 청년에게 우호적이지 않은 노동시장의 변화를 강조했다. 이 장에서는 글의 서두에 제기했던 질문, 왜 첨예한 젠더 갈등이 세대적 문제로 드러나고 있는지 그 이유를 이해하기 위해서 현 청년세대가 겪고 있는 교육과 노동시장 경험의 괴리에 주목하고자 한다.

현 청년세대는 1980년대 중반부터 1990년대 중반까지 축소되던 불평등이 다시 급증하는 시기에 자라났다(〈그림 2〉, 위쪽 참조). 때문에 이들이 공유한 다는 세대적 특성은 실제로는 상당 부분 계층적으로 분절된 경험일 개연성 이 높다. 〈그림 2〉의 아래쪽 그래프는 2008년 이래 평균임금이 중위임금을 상회하는 정도가 커지는 경향을 보여 주는데 이 역시 임금노동자 내에서도

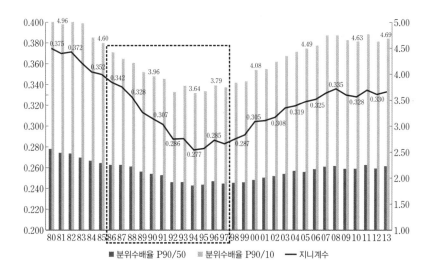

■ 분위수배율 P90/50   ■ 분위수배율 P90/10   — 지니계수

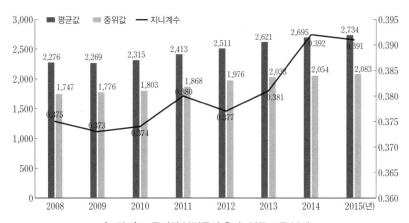

〈그림 2〉 노동시장 불평등의 추이: 임금 소득 분배

〈표 1〉 가족 특성별 초·중·고 학생 1인당 사교육비 지출 현황, 2016년[2]

(단위: 만 원)

가구 소득 수준별	−100 만 원(B)	100− 200	200− 300	300− 400	400− 500	500− 600	600− 700	700+ (A)	A/B
	5.3	10.7	17.7	24.1	30.3	34.4	38.8	46.8	8.83
어머니 교육 수준	중졸 이하 (B)	고졸	대졸	대학원 졸(A)					A/B
	8.8	19.8	30.7	41.1					4.67
자녀 성적 분포	81− 100% (B)	61− 80%	31− 60%	11− 30%	상위 10% (A)				A/B
	17.5	23.1	26.9	30.2	32.9				1.88

자료 출처: 통계청 KOSIS, 초·중·고 사교육비조사, 2016

상대적 고임금과 저임금 사이 계층 간 커지고 있는 소득 격차를 입증하며 각 계층이 자녀에게 제공할 수 있는 삶의 경험과 기회 역시 강하게 계층화되었을 가능성을 시사한다. 위에 제시된 〈표 1〉은 청년의 계층화된 청소년기 경험을 확증한다. 전반적으로 70%를 상회하는 유례없이 높은 대학진학률에도 불구하고 청년들이 초·중등 학교교육 12년을 거치는 동안 가족으로부터 투자받은 사교육비가 계층별로 크게 다르다는 것을 보여 준다.

단순 기술통계만으로 인과성을 실증할 수 없지만, 가구소득 수준별, 부모의 교육 수준별로 자녀에 대한 사교육비 지출 수준이 정확히 서열화되고 있으며, 자녀 성적 분포는 사교육비 지출액에 정확히 조응한다. 사교육비 지출에 있어 가장 확연한 격차는 당연하게도 가구소득 계층 간에 발생하는데, 월 700만 원 이상 버는 가구의 사교육비 지출은 월평균 47만 원으로 빈곤선 아래라 할 수 있는 월소득 100만 원 미만 가구가 지출하는 5만 원여에 비해 약

---

2) 지면의 복잡함을 피하기 위해 〈표 1〉은 가장 최근인 2016년 자료를 기술했지만, 이는 2007년 이래 지난 10년간 추세에서 벗어나지 않는다.

9배, 월소득 100-200만 원 미만 가구의 약 4.4배에 달한다. 이는 초·중·고 학생을 모두 포괄하는 통계로 월평균 학생 1인당 사교육비 평균은 26만 원인데 이보다 평균 4만 원여 더 투자받는 고등학생만을 통계에 포함하면 가구소득 수준별 지출 격차는 더 커질 수도 있다. 소득 격차와 높은 상관 관계를 맺을 것으로 기대되는 어머니의 교육 수준 역시 중졸 이하 8.8만 원, 대학원졸 41.1만 원으로 후자는 전자에 비해 자녀 사교육에 약 5배 많이 지출한다. 소득이 높은 가구의 부모라면 학업성취도가 상대적으로 낮은 자녀를 포기하고 사교육비 지출을 줄이기보다 오히려 지출을 늘려 성취를 독려하리라는 예측이 한국적 맥락에서 더 현실적이다.

이렇게 본다면 자녀의 초중등학교 학업성취 경험, 그리고 관련된 대학진학의 향로는 교육비를 투자할 능력 및 성향과 관련된 부모의 계층적 위치에 의해 좌우될 개연성이 높다고 예측할 수 있다. 그리고 이들이 경험한 계층화된 삶의 기회는 자신의 노동시장 위치로도 연결될 개연성이 높다. 이렇게 어릴 때부터 계층화된 삶의 기회를 체득해 온 청년이 비교적 동일한 정체성을 지닌 동질적 집단이라 가정하는 것은 현재 이 세대가 당면한 현실과 현실에 대한 반응을 제대로 보기 어렵게 만들 것이다. 이러한 계층화된 청년세대의 경험은 축소되고 있는 노동시장의 기회와 관련해 상당한 좌절과 분노를 낳고 있으며, 이러한 좌절과 분노의 내용은 계층별로 상이할 것이라는 예측을 할 수 있다. 최근 많은 공감을 얻었던 다양한 종류의 청년 담론은 계층화되고 있는 청년의 이질성을 잘 포착하지 못하는 경향이다.

한편, 젠더는 청년 담론이 잘 드러내지 못하는 또 하나의 청년 내부 이질성의 근원이다. 앞에서 살펴본 여성혐오 담론은 청년 담론의 지류로 볼 수 있지만 청년 일반에 대한 논의에 통합되기보다 여성학의 관심 영역으로 독립적으로 전개되었다. 청년은 변화된 경제 구조의 피해자로서, 그리고 수동적으로 적응하거나 이탈하는 청년 일반의 모습으로 묘사될 뿐 거기에 젠더 차원은 끼어들지 않는다. 그러나 전환기 한국 사회에서 청년세대가 겪고 있는 새

로운 것과 낡은 것의 모순적 착종은 젠더 차원을 고려하지 않으면 이해하기
어렵다.

다시 교육 경험으로 돌아가면, 적어도 청년세대에게 삶의 기회가 더 이상

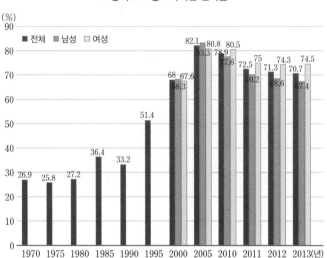

고등학교 고등교육기관 진학률

전체 및 25-34세 인구의 학력 구성비

	초졸	중졸	고졸	대졸 이상	(여성)
전체					
1980	55.2	18	19.2	7.6	(3.6)
1990	33.4	19	33.5	14.1	(8.3)
2000	23	13.3	39.4	24.3	(18.0)
2010	17	10.2	36.9	35.8	(30.6)
25-34세					
1980	30.3	27	31.9	10.8	(7.2)
1990	8	19.1	51.2	21.7	(15.8)
2000	1.2	4	54	40.9	(38.0)
2010	0.5	1.4	33.3	64.8	(67.9)

〈그림 3〉 대학진학률의 변화와 인구의 연령특성별 학력구성의 변화 추이

젠더로 차등화되지 않는다는 점은 한국 사회가 만들어 온 가장 눈에 띄는 새로움 중 하나다. 또 이 사실은 새로운 젠더 동학을 만들어 내고 있다. 여성 고등교육 진학은 1980년대 교육 기회의 대중화와 더불어 빠르게 증가하기 시작했다. 1990년대 여성의 진학률 증가가 남성에 비해 빠른 속도로 진행되었으며 2010년 전후를 기점으로 오히려 남성 고등교육 진학률을 역전하기에 이르렀다. 그리고 2013년 현재 대학진학률의 남녀 격차는 7%를 상회한다(여성 74.5%, 남성 67.4%).

〈그림 3〉의 아래쪽을 보면 최근 30여 년간 한국의 대학교육 팽창은 그야말로 눈부시다. 1980년 전체 인구 대비 대학졸업자 수가 7.6%에 불과해 희소한 자원이던 것이 2010년 현재 전체 인구의 35.8%, 총인구의 1/3을 넘어서고 있다. 물론 25-34세 청년기로 범위를 좁히면 더 극적인 변화를 관찰할 수 있다. 1980년의 경우 대졸자 대부분은 청년세대에 몰려 있었다는 것을 알 수 있다. 아시아의 네 마리 용 중 하나로 막 꿈틀대던 경제가 비교적 희소 자원이던 대졸자를 어떻게 대우했을지 그려볼 수 있는 대목이다. 그러나 1981년 도입된 대학졸업정원제 등 고등교육 확대정책으로 청년기 대졸 인구는 매 10년마다 두 배 넘게 성장했고 2010년에는 청년기 인구의 약 2/3가 대졸자

〈표 2〉 전공 계열별 신입생 중 여성 비중

	2004	2006	2008	2010	2012	2014	2016
〈사회계열〉	37.4	36.8	37.6	38.0	37.1	39.2	43.7
〈경영 · 경제〉	32.9	32.7	34.3	34.9	33.8	36.1	41.0
〈교육계열〉	62.0	58.7	57.4	57.4	55.5	59.3	61.5
〈공학계열〉	12.9	13.8	13.1	13.6	14.3	15.5	18.5
〈자연계열〉	46.0	46.1	42.5	42.6	41.2	41.3	44.4
〈생활과학〉	74.7	72.3	68.9	65.0	61.1	57.9	59.6
〈의료〉	31.1	27.6	28.3	36.8	39.7	42.0	42.7
〈약학〉	52.1	47.6	57.3	50.0	61.8	40.9	42.4

자료: 교육통계연보, 각 연도

인 상황에 이르렀다. 대학교육의 확장은 여성에게 더 극적으로 전개되었다. 1980년 7.2%에 불과하던 대졸자 비중은 현재 68%로 증가해 이제 이 연령대에서는 남성 대졸 비중보다 여성 대졸 비중이 더 높다.

전체적인 학력 격차가 역전되었을 뿐 아니라 교육 내용면, 즉 계열별 남녀 간 차등적 진학 패턴 역시 빠르게 소멸되고 있다. 특히 여초가 강했던 계열로 남성이 진입하기보다는 남초가 현저했던 계열에 여성이 진입하는 변화가 한층 두드러진다. 예를 들면 사회계열 중 남성 비중이 현저히 높았던 경영·경제 부문의 경우 지난 10여 년간 신입생 중 여성 비중이 지속적으로 증가해 왔다.

최근 고등교육에서 여성의 두드러진 확대는 아래 〈그림 4〉의 자녀 성별 사교육비 지출 패턴으로도 설명된다. 2007년 딸과 아들에 대한 1인당 평균 사교육비 지출은 각기 22.1만 원과 22.3만 원으로 거의 유사했으나 이 역시 2010년을 기점으로 딸에 대한 투자로 살짝 더 기울고 있다. 적어도 교육투자와 관련된 가족전략에 있어서는 아들 중심의 전통적 고려가 소멸했음을 보여 준다.

청년들에게 초중고 학령기 경험은 20여 년 남짓한 삶의 중추다. 앞에서 언

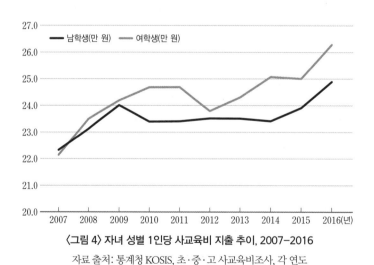

〈그림 4〉 자녀 성별 1인당 사교육비 지출 추이, 2007–2016

자료 출처: 통계청 KOSIS, 초·중·고 사교육비조사, 각 연도

급했던 바와 같이 청년남성이 남녀 간 완전히 평등한 의무를 주장하는, 그리고 여성을 강력한 경쟁자로 여기는 심리구조의 저변에는 불과 얼마 전까지도 남성 우위가 분명했던 교육 부문에서 젠더 격차가 축소되거나 역전되었다는 사실이 있다. 교육공간, 적어도 학업에 대한 투자 수혜와 성취 부문에서 여성의 열위(劣位)에 대한 집단 경험이 소멸하면서 여성이 얻게 된 자신감도 크다.

그러나 이러한 교육공간에서 여성이 얻은 자신감은 노동시장으로 이행하는 첫단계에서부터 크게 무너지기 시작한다. 2011년에서 2014년까지 통계를 보면 4년제 대졸자 전체와 여성대졸자 간 약 5%p 정도의 취업률 격차가 계속 유지되고 있다(한국교육개발원, 고등교육기관 졸업자 취업통계조사). 동조사 2009년 자료는 2007년 제정된 비정규직 관련법의 영향으로 비정규직 고용의 유인이 줄어들었음에도 불구하고 대졸 여성의 정규직 취업률이 54.6%로 남성 65.0%에 비해 10%p 낮다는 점을 보여 준다. 교육의 장과는 달리 노동시장에서 기업의 여전히 완고한 젠더적 고용 관행은 청년여성의 직업전략에 상당한 영향을 미친다. 즉 더 많은 교육투자를 통해 상위 대학 혹은 학과 진입에 성공한 여성의 경우 전문직 혹은 공공 부문 취업으로 다시 역량을 집중하는 한편, 이 전략에 동참할 만한 여건을 지니지 못한 여성은 향후 일-가족 의무를 양립할 만한 고용조건을 제공하지 않는, 그리고 경력 설계를 하기 힘든 사무·판매·서비스 등 저임금 부문으로 흘러들어가게 된다(권현지 외 2015). 이것은 여성 내부의 계층화(김영미 2015), 거칠게 말하면 21세기 등장한 이른바 '알파걸'과 비정규직의 분화다(배은경 2009). 남성과는 달리 이 양극단 사이 괜찮은 사무관리직 일자리에 여성들이 끼어들 자리는 좁다. 교육공간에서의 전반적인 약진에도 불구하고 여성의 생애 전망/직업전략은 학교-노동시장의 이행기에 양극화의 경로를 걷게 된다. 앞서 언급했던 청년의 계층화된 교육경험이 이 양극화에 작용한다면 여성 내부에도 교육이 매개하는 세대 간 계층 전승의 메카니즘이 작동하게 된 것이라 볼 수 있다.

21세기 한국 사회의 청년은 청년 담론이 전제하고 있듯 고유의 코호트 경험을 공유하는 동질성이 강한 집단이라기보다는 생애 경험과 직업 전망에 계층적, 젠더적 격차가 내재된 이질적 집단으로 구성되고 있다. 학교공간에서는 부모의 계층적 지위가 녹아든 그러나 양성 간 평등한 경쟁의 담론을 체화한다면, 노동시장의 진입 시점에서는 계층적 차이에 부가된 젠더 격차에 직면하면서 양성 간 이해 관계의 충돌과 인식의 충돌을 겪게 된다. 즉 계층적·젠더적으로 분화된 채 노동시장의 진입문에 선 청년은 새로움과 낡음의 모순적 공존 속에서 각자의 차별화된 경험과 인식을 세대 내 타자에 투영하고 경쟁하고 갈등하는 전환기적 존재다.

V. 분화되는 청년 노동시장과 증폭되는 젠더 갈등

노동시장과 친밀성 영역 모두에서 기존의 정상성이 흔들리지만, 새로운 규범은 미정립된 상태인 한국 사회의 전환기적 불안정성은 생애 전망, 즉 직업 경로와 가족 형성에 대한 밑그림을 그리는 단계에 선 청년의 불안을 가중시킨다. 특히 불과 10여 년 전까지 가족경제의 일차적 책임자 남성에게 노동시장의 상대적 우위를 규범화했던 사회에서 자라난 청년남성에게 그 혼란과 불안의 크기가 더 클 수 있다. 또, 2010년 이후 노동시장의 특성에서 청년남성이 노동시장 지위 하락을 상대적으로 더 크게 겪고 있다는 점을 여기에 덧붙일 수 있다.

우선 청년 하위 집단별 노동시장 통계를 간단히 살펴보자. 〈그림 5〉는 증가하는 불안, 특히 남성의 불안에 실증적 근거를 제시한다. 청년층에서 저임금(중위임금의 2/3 미만)과 중저임금(저임금선 이상 중위임금 이하)을 받는 남성과 여성의 비중 추이를 보면, 남성 저임금 및 중저임금 노동자의 비중이 추세적으로, 특히 최근에 증가하고 있다는 점이 눈에 띈다. 20대 청년남성 중

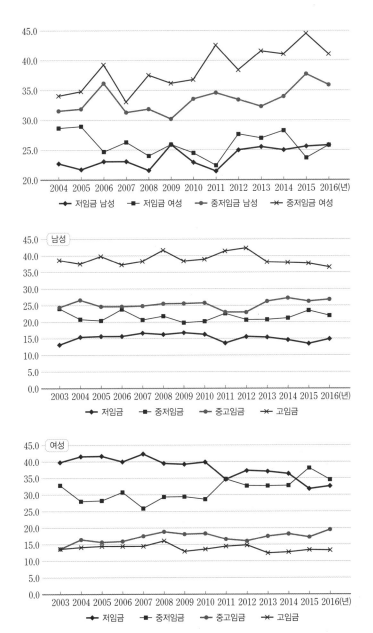

〈그림 5〉 20대 청년층 성별 저임금/중저임금 비중의 추이와 전 연령 분위별 임금 분포의 추이

출처: 경제활동 인구조사 8월 부가조사 원자료, 각 연도

중위임금 이하 노동자가 2004년 54.3%에서 2016년 61.8%로 증가했다. 전체 남성 중 중위임금 미만이 2016년 35% 정도였던 것과 크게 대비된다. 전체 남성 중 중위임금 미만의 임금을 받는 비중이 2004년에서 2016년 사이 별변화가 없다는 점과도 대비된다. 한편, 여성은 해당 노동자가 2004년 62.6%에서 2016년 66.9%로 증가했고, 그 비중도 여전히 남성보다 높지만, 남성과의 격차는 줄어들었다. 남성의 경우 저임금 노동자가 늘어난 데 비해 여성의 경우 저임금 비중은 상대적으로 줄고, 중저임금 수령자가 늘었다는 점도 특기할 만하다. 위와 같은 임금분위 분포의 변화는 청년층 남성이 여성과 같은 일자리를 두고 경쟁하지는 않더라도 저임금으로 떨어질 불안감과 상대적 박탈감이 커졌을 개연성은 충분히 암시한다. 한편 여성에게 한 가지 더 눈에 띄는 변화는 중위임금으로부터 상향하는 3/2선까지의 임금 분포가 추세적으로 늘고 있다는 점이다. 고임금 여성 분포는 10여 년간 변화가 없지만, 남성에 비해 이 분위 임금의 증가 추세가 조금 더 뚜렷하다.

〈표 3〉에서는 상대적으로 인적 자본 정도가 높은 대졸자의 현황을 살펴보았다. 한국노동패널의 직업력 자료를 통해 첫 일자리 고용형태와 첫 일자리 유지기간을 대졸자의 졸업 시기별로 비교했는데[3], 우선 남성을 살펴보자. 한국 경제가 만성적 위기와 저성장의 늪에 빠지기 전인 1990년대 상반기 대학을 졸업한 남성 코호트의 경우 84%가 정규직으로 취업하고 평균 약 9.3년 정도 첫 일자리를 유지한 것으로 나타난다. 그러나 위기 후 졸업 코호트인 2000년대 초반 졸업자들의 경우 정규직으로 첫 일자리를 시작한 경우는 65.5%로 크게 줄었고 첫 일자리 유지기간 역시 5.6년으로 짧아졌다. 반면 비정규직으로 첫 일자리를 시작한 남성은 최근 코호트로 오면서 크게 증가했다. 특히 글로벌 금융위기가 닥쳤던 2007-2008년 졸업 코호트의 경우 정규직으로 취업한 경우는 56.3%로 절반을 조금 넘는 수준이었음을 알 수 있다.

---

3) 취업 후 약 10년 정도의 일자리 추이를 살펴보기 위해 1990년대 초반, 1990년대 후반 그리고 2000년대 초반 졸업 코호트로 분석 대상을 제한했다.

<표 3> 대졸 시기별 졸업 후 첫 일자리의 고용형태(왼쪽)와 첫 일자리 유지기간 중위값(오른쪽)

졸업시기	남성		여성		남성 (개월)	여성 (개월)
	정규	비정규	정규	비정규		
90년대 상반기	84.24	10.3	62.89	25.77	111.9	75.2
90년대 하반기	70.0	22.61	63.64	27.27	83.3	54
2000년대 상반기	65.48	28.11	59.07	35.52	67.2	56.4
07–08 코호트	56.34	36.62	48	44	39.2	40.3

* 자영 등 기타를 제외했으므로 정규와 비정규직의 합이 100%에 미달
출처: 한국노동연구원, 한국노동패널(KLIPS) 직업력 자료

여성의 경우 정규직의 하락이나 비정규직의 증가 추세는 남성과 비슷하지만, 1990년대 상반기 졸업 코호트의 경우에도 1/4에 해당하는 졸업자가 비정규직으로 첫 일자리를 시작하는 등 직업적 불안정은 경제위기 이전 이미 시작되었다고 할 수 있다. 여성의 일자리 불안정 정도는 최근 코호트의 경우에도 남성에 비해 한층 깊다. 글로벌 금융위기와 졸업시기가 겹치는 코호트의 경우 절반에도 못 미치는 졸업자가 정규직으로 취업했다. 2000년대 졸업 여성 코호트의 1/3 이상이 비정규직으로 경력을 시작한만큼 첫 일자리 유지기간 역시 당연히 대응되는 남성에 비해 짧다.

이렇게 보면 경쟁을 일상화하며 학령기를 보낸 최근 대졸 코호트들이 이전 코호트들에 비해 자신의 노력에 더 보상하기는커녕 생애 전망을 어둡게 하는 노동시장에 직면해 좌절과 불안을 느끼게 되는 데 현실적 근거가 있다고 할 수 있다. 최근 졸업 코호트로 오면서 한층 급격한 변화를 겪은 청년남성이 여전히 상대적으로 더 취약한 위치에 놓여 있지만 비교적 완만하게 일자리 악화를 경험하고 있는 청년여성에 비해 좌절과 불안, 그리고 현실에 대한 분노가 더 깊을 수 있다. 한편 교육 성취와 무관하게 임금과 일자리 안정성 면에서 체계적으로 남성에 비해 나쁜 위치에 처하게 되는 여성이 느낄 좌절도 남성의 분노에 못지 않다.

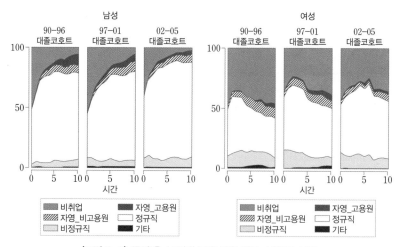

〈그림 6-1〉 졸업 후 10년간 고용 지위 분포: 남성과 여성

출처: 한국노동연구원, 한국노동패널(KLIPS) 직업력 자료

　같은 자료를 사용해 졸업 후 10년간 시점별 분석대상 고용 지위의 총합적 (aggregated) 분포를 크로노그램으로 표현한 〈그림 6-1〉과 〈그림 6-2〉 역시 이러한 상황을 재확인해 준다. 〈그림 6-1〉의 왼쪽 시기별 남성 대졸 코호트를 살펴본 결과 최근으로 올수록 임금노동자의 비중이 늘고 있다는 점, 그리고 앞서 보았던 것처럼 최근으로 올수록 비정규직 종사자 비중이 커지고 있다는 점을 관찰할 수 있다.

　한편 같은 방식으로 시기별 여성 대졸 코호트의 노동이력을 표현한 〈그림 6-1〉의 오른쪽 결과를 보면, 최근 코호트로 올수록 노동시장 참여율과 임금 노동자로서의 참여율이 현저히 높아지고 있지만, 대졸 공급의 기하급수적인 확대에도 불구하고 노동시장 참여 수준이 여전히 남성에 비해서는 일관되게 낮다. 반면 남성에 비해 위기 후 비정규 비중과 유지 정도는 크게 높아 불안정한 일자리에 더 많이 노출되고 있음을 보여 준다. 또 대략 진입 후 2-3년을 기점으로 노동시장 참여율이 하락하던 1990년대 코호트와 달리 2000년대 졸업 코호트의 경력 단절은 5년 이후로 지연되고 경사도 완만해졌다는 점이

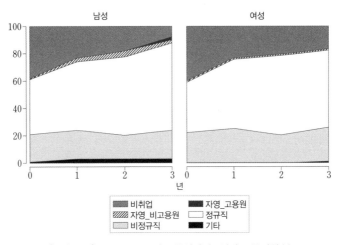

<그림 6-2> 2010-2012년도 졸업자의 3년간 노동지위 분포

출처: 한국노동연구원, 한국노동패널(KLIPS) 직업력 자료

눈에 띈다.

단 3년 정도의 자료이지만, 가장 최근인 2010-2012년 졸업 코호트의 노동이력을 살펴보면(그림 6-2) 남성과 여성의 일자리 격차가 줄어들고 있음을 볼 수 있다. 졸업부터 일자리 정착까지의 기간, 참가율, 비정규직 비중 등에서 남녀의 차이가 크게 축소되었다. 대졸 여성의 일자리 상황이 일부 개선된 측면도 있지만, 해당 남성의 일자리 불안정이 크게 증가한 것, 다시 말하면 일자리의 전반적인 불안정화가 젠더 수렴을 더 잘 설명하는 것으로 보인다.

이번에는 비교적 좋은 일자리를 제공하는 300인 이상 사업체 일자리, 전문직 일자리, 정규직 일자리가 근속년수별 남성 대비 여성에게 어느 정도의 임금을 지급하는지 살펴보자(〈표 4〉 참조). 경제활동인구조사 부가조사는 패널 구축이 불가능하므로 2004년에 20-34세였던 청년이 10년이 지난 2014년 30-44세 중장년이 되었을 때를 가정해 이 연령대 대상자들의 상대 임금을 제시하였다. 또 2004년 청년 코호트와 2014년 청년 코호트의 여성의 상대 임금을 비교하였다. 2004년의 경우 전체적으로는 남녀 간 20-25%의 격

〈표 4〉 근속기간별 남성 대비 여성의 상대 임금: 시간당 중위임금 기준

	cohort	전체				300인 이상 사업체			
		1년 미만	1-3년	3-7년	7년 이상	1년 미만	1-3년	3-7년	7년 이상
2004	20-34	82.7	76.9	75.8	93.5	77.8	86.7	66.6	86.6
2014	30-44	70.3	68.2	69.2	84.4	64.7	66.7	75.8	76.9
2014	20-34	89.3	80.0	80.0	89.3	90.9	76.9	80.6	87.5
		전문직				사무직			
2004	20-34	79.4	80.0	77.5	90.9	71.4	68.7	69.3	85.0
2014	30-44	61.5	62.3	66.7	81.1	63.6	68.0	74.1	81.8
2014	20-34	88.9	70.8	70.2	86.7	88.2	72.7	80.0	78.0
		정규직				비정규직			
2004	20-34	80.0	76.4	76.5	96.6	87.3	79.4	77.0	79.1
2014	30-44	65.0	65.2	71.2	86.2	79.4	75.0	66.7	71.4
2014	20-34	88.8	80.0	80.0	89.3	100.0	83.3	87.8	82.1

출처: 경제활동인구조사 8월 부가조사 원자료, 각 연도

차가 있으나 근속 7년 이상의 경우 임금 격차가 7% 정도로 줄어든다. 그러나 이들 코호트가 10년 후인 2014년 도달할 연령대인 30-44세의 경우 여성의 상대 임금이 전 근속구간에서 눈에 띄게 낮아진다. 대체로 단기 근속의 경우 경력 단절 이후 임금 저하로, 장기 근속자의 경우 승진 기회의 차이로 임금 차이가 설명될 수 있을 것이다.

흥미로운 발견 중 하나로 300인 이상 사업체의 경우 전체에 비해 남성 대비 여성의 상대 임금이 낮은 것으로 드러났다. 고용형태나 직종 등의 구성적 차이를 반영하는 결과일 수 있지만, 3년 이상 근속자의 임금이 전체에 비해 현저히 낮은 것은 대기업의 승진 기회가 젠더 편향적일 가능성을 시사한다. 2014년 30-44세 코호트의 7년 이상 근속자 임금이 남성 대비 2/3 정도에 불과한 것을 보면 더욱 그렇다. 기업 조직 특히 대기업 조직 관행의 이러한 결과들은 능력을 갖춘 여성들의 전문직 쏠림 현상을 초래하는 것으로 보

인다. 그러나 전문직의 경우에도 상대 임금 격차는 공히 발견된다. 그러나 7년 이상의 장기 근속자의 경우 격차가 다른 부문에 비해 줄어드는 것으로 보인다. 단, 경력 단절의 가능성이 개입하는 2014년 30-44세의 경우 여성의 상대 임금은 다른 어떤 부문에 비해 낮아져 전문직에서 오히려 단절에 따른 임금 패널티가 더 강하게 작용할 수도 있음을 보여 준다. 외국의 문헌에서도 비슷한 경향이 발견되는데 직무에 대한 헌신과 과밀 노동, 단절 없는 노동 등이 전문직에서 오히려 이상적인 노동자상으로 굳어 온 경향이 강하기 때문이다 (Acker 2006; Williams 2000; Blar-Loy 2003). 직업적 성취에 대한 강한 의지를 갖는 여성들은 전문직의 이러한 요구에 부응하고 따르지 않았을 때의 패널티를 피하기 위해 탈가족화 경향을 보이거나 기존의 재생산 의무를 회피하려는 태도를 보이는 경향도 강하다.

한편, 정규직은 비정규직에 비해 여성의 상대 임금이 대체로 높은 것으로 나타난다. 전체적으로 그리고 정규직의 경우 2014년 청년여성의 남성 대비 상대 임금은 2004년에 비해 꽤 개선된 것으로 보인다. 대기업, 정규직 등 괜찮은 일자리와 연결된 부문의 상대 임금 개선도 눈에 띈다. 개인의 인적 자본이나 구성적 차이를 통제하지 않은 상태의 기술적 통계로 남성 대비 여성의 상대 임금을 추정하는 것은 무리가 있지만, 대체적인 경향은 성별 임금 격차가 지속되는 가운데 최근 코호트를 중심으로 임금 격차의 개선이 발견된다는 점이다. 단, 여성의 선호가 강하고 고학력 여성이 몰리고 있는 전문직에서 오히려 임금 격차가 증가했다는 점은 이러한 개선 경향의 일관성을 자신할 수 없게 한다. 관련된 예로 최근 여성 비중이 크게 증가한 법률서비스 직종, 특히 변호사의 경우 조직의 규모나 업무의 성격에 따라 노동시장의 이중화가 나타나고 여기에 젠더가 결부되는 경향이 있다는 보고도 있다(권현지 2014).

그럼에도 잠정적으로는 저임금 부문에서 여성일자리 질의 개선보다 남성 일자리 질의 전반적 하락으로, 상대적 고임금 부문에서는 여성 일자리 질의

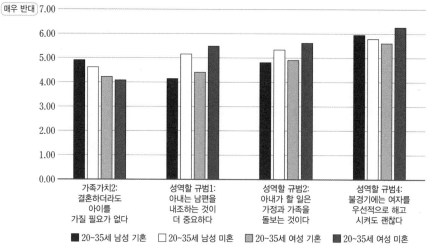

〈그림 7〉 20–35세 남녀의 가족가치 및 성역할 규범에 대한 태도 차이

출처: 한국종합사회조사 2016 원자료

상대적인 개선으로—대기업 부문의 임금은 지속적으로 상승하는 추세이므로—청년세대 노동시장에서는 어느정도 성별 격차의 수렴이 일어나고 있는 것으로 보인다. 전체적으로는 양성 공히 저임금 부문의 비중이 늘어나는 내부의 계층화 현상이 강화되고 있는 것으로 볼 수 있으며 이에 따라 청년 일반이라기보다는 계층 내 일자리를 둘러싼 양성 간 경쟁 혹은 갈등이 벌어지고 있을 가능성에 무게가 실린다.

종래의 상대적 우위를 위협받고 있지만, 남성이 자신들에 비해 평균적으로 아직 더 불안한 상태에 있는 것이 분명한 여성들을 향해 공격의 화살을 겨누게 되는 심리를 설명하는 데 악화되는 노동시장 상황에 전적으로 의존하기에는 부족함이 있다. 노동시장의 변화에 덧붙여 경력을 우선에 두는 여성의 증가와 전통적 재생산 의무 혹은 성역할 규범에 대한 젠더 간 인식의 격차를 부가적으로 고려할 필요가 있다. 〈그림 7〉은 출산의무, 남편에 대한 내조 역할, 아내의 돌봄의무, 불경기 여성 우선 해고 관행 등에 대한 태도를 묻는 질문에서 20–35세 청년의 성별, 결혼 여부별 태도 차이를 보여 주고 있다. 네

사회적 갈등과 불평등

집단의 차이가 크게 두드러지지는 않지만, 모든 항목에서 미혼여성의 태도는 여타 집단과 확연하게 구분된다. 재생산 영역에 온존하는 여성의 성역할 규범과 개인의 무제한적 헌신을 요구하는 기업조직 혹은 노동시장의 규범 사이에서 끊임없이 갈등하는 고학력 미혼 일하는 여성들이 기존의 성역할 규범이 강요하는 의무에 강하게 반발하는 것은 자연스러운 반응이라고도 볼 수 있다. 그러나 예전에 비해 이와 같은 선택을 하는 여성들이 증가하면서 이들을 향한 감정적 비난이 고조되는 가운데 이에 대한 여성의 적극적 대응이 현재의 젠더 갈등에 대한 하나의 설명이 될 수 있다.

VI. 결론

현재 청년세대에서 격화되고 있는 젠더 갈등은 불안정을 양산하고 경력 전망을 보여 주지 않는 노동시장 상황, 남성 1인 생계부양자 모델이 규범화했던 가족과 가부장적 권위의 빠른 해체, 대안 규범을 찾지 못한 채 표류하고 있는 종래의 성역할 분업과 젠더질서의 잔존 등 오래된 문제와 새로운 문제가 한꺼번에 아노미적으로 얽힌 오늘날 한국의 사회경제적 상황을 반영한다. 나아가 현재의 갈등은 갈등적 상황을 분석하고 사회적 합의를 도출해 내는 데 무관심하거나 혹은 실패해 온 정책과 제도의 무기력 속에서 깊어지고 있다. 지난 30–40년간 끊임없는 정치적·경제적 소용돌이를 겪어 온 우리 역사는 수다한 갈등과 대립에 익숙하지만, 갈등을 해소하기보다는 격변하는 역사 속에서 드러나는 갈등을 억누르거나 서둘러 봉합하고, 새로운 갈등요인을 그 위에 얹는 상황을 반복해 왔다. 앞서 언급한 바 있듯이 최근 여성혐오의 양태 역시 장기 지속되고 있는 젠더 불평등구조 위에 전개되고 있다는 점에서 그리고 억눌린 갈등 위에 얹혀진 새로운 양상의 갈등이라는 점에서 같은 맥락으로 이해될 수 있다.

그러나 그 혐오가 일방적인 비하와 차별을 정당화하고 순종을 이끌어 내는 도구적 역할을 하기보다 젠더 간 갈등과 대립을 드러내 매개하고 있다는 점은 새롭다. 그간 한국 사회는 국가-사회·기업조직-가족으로 이어지는 중층적이고 강력한, 그리고 여성들에게조차 내면화된 가부장적 지배구조로 인해 기존의 젠더질서를 둘러싼 갈등과 대립이 전면화되는 과정을 한번도 제대로 겪지 못했다. 이런 점에서 최근의 젠더 갈등은 우리 사회가 그간 경험하지 못한 낯선 양태의 갈등이다. 또 대상 집단이 특정되기 어려운 거의 모든 사회구성원을 포괄한다는 점, 갈등의 장이 중층적일 뿐 아니라 경제적 요소와 규범적 요소가 서로 교차하며 갈등을 구성, 심화한다는 점에서도 다루기가 매우 어려운 갈등이다.

이런 어려운 문제에 대면해 기존의 질서와 규범을 회복하자는 복고적 향수와 시도가 없는 것은 아니나 이는 현실성이 없다. 혐오 담론만을 문제삼아 '요즘 청년들이 문제'라며 비난, 매도하는 것 역시 문제해결에 도움이 되지 않는다. 오프라인의 대면적 현실에서가 아닌 온라인에서 갈등을 폭발시키는 청년의 모습은, 그것도 노동시장의 지배자나 기성의 내부자가 아니라 자신과 거의 같은 처지에 놓인 약자에 화살을 겨누는 모습은 오히려 위축되고 소극적인 모습이기도 하다. 따라서 갈등적 양상을 서둘러 억누르거나 무마하려는 시도보다는 이들이 분노를 만들어 내는, 그리고 분노가 이런 왜곡된 양상으로 발현될 수밖에 없는 현실에 우선 깊이 천착할 필요가 있다. 혐오 표현에 대한 도덕적·법적 규제는 그 자체로 필요하더라도 그에 앞서 혐오를 통해 발현되는 젠더 갈등의 구조를 우리 사회가 제대로 직시할 시점이 되었다는 의미다. 여성혐오 담론의 확산은 그 자체로 우려스러운 면도 있지만, 다른 한편으로는 장기 누적되어 온 젠더 문제를 직시하도록 촉구하는 측면도 있기 때문이다.

혐오로 표현되는 젠더규범의 위기는 시간이 걸리더라도 사회가 평등의 원리를 재정립하고 당사자가 참여하는 사회적 대화의 통로를 마련해 평등의 담론을 만들어갈 때 비로소 해결의 실마리를 찾을 수 있다. 사회적 대화가 가능하기 위해서는 젠더 불평등 이슈가 제대로 공론화되어야 하며, 실체를 가진 문제 설정을 통해 매우 구체적으로 접근되어야 한다. 중층적으로 착종된 문제를 한꺼번에 풀 묘수는 없지만, 적어도 얽혀 있는 문제의 실마리부터 풀어가려는 노력을 통해서 사회적 대화의 성과를 단계적으로 쌓아갈 필요가 있기 때문이다. 현재 청년남성과 여성이 처한 불평등하고 출구가 보이지 않는 노동시장의 현황에 대한 분석이 여기에 하나의 단서를 줄 수도 있다.

· 참고문헌 ·

구해근, 2002, 『한국 노동계급의 형성』, 창작과비평사.

권현지, 2008, "은행권 계약직 활용의 현황과 향후 전망," 『노동리뷰』, 3.

권현지, 2014, "노동시간과 일−생활균형 사례연구: 전문직종, 배규식(외)," 『노동시간과 일생활 균형』.

권현지, 2015, "산업화 이후 한국 노동체제의 변동과 노동자 의식변화," 『압축성장의 고고학: 사회조사로 본 한국 사회의 변화 1965−2015』.

김수아, 2015, "온라인상의 여성 혐오 표현," 『페미니즘 연구』, 15(2), 279−317.

배은경, 2009, "'경제 위기'와 한국 여성: 여성의 생애전망과 젠더/계급의 교차," 『페미니즘 연구』, 9(2), 39−82.

_____, 2015, "'청년 세대' 담론의 젠더화를 위한 시론: 남성성 개념을 중심으로," 『젠더와 문화』, 8(1), 7−41.

엄진, 2016, "전략적 여성혐오와 그 모순: 인터넷 커뮤니티 '일간베스트저장소'의 게시물 분석을 중심으로", 『미디어, 젠더&문화』, 31(2), 193−244.

오찬호, 2013, 『우리는 차별에 찬성합니다: 괴물이 된 이십대의 자화상』, 개마고원.

우에노 치즈코, 2012, 『여성혐오를 혐오한다』, 은행나무.

유경순 엮음, 2011, 『나, 여성노동자』. 그린비.

윤보라, 2013, "일베와 여성 혐오: '일베는 어디에나 있고 어디에도 없다'", 『진보평론』, 57, 33−56.

은수미, 2009, "경제위기와 여성고용", 『페미니즘 연구』, 9(1), 143−158.

이나영, 2016, "여성혐오와 젠더차별, 페미니즘: '강남역 10번 출구'를 중심으로", 『문화와 사회』, 22, 147−186.

이임하, 2004, 『여성, 전쟁을 넘어 일어서다: 한국전쟁과 젠더』, 서해문집.

장경섭, 2009, 『가족, 생애, 정치경제: 압축적 근대성의 미시적 기초』, 창비.

조순경, 2007, "여성직종의 외주화와 간접차별: KTX 승무원 간접고용을 통해 본 철도공사의 체계적 성차별," 『한국여성학』, 23(3), 143−176.

허윤, 2016, "냉전 아시아적 질서와 1950년대 한국의 여성혐오", 『역사문제연구』, 35, 79−115.

Acker, Joan, 2006, Inequality regimes: Gender, class, and race in organizations, *Gender & Society*, 20(4), 441 - 464

Blair-Loy, Mary, 2009, "work without end-scheduling flexibility and work-to-family conflict among stockbrokers," *Work and Occupation*, 36(4), 279-317.

Flood, Michael et al., 2007, International encyclopedia of men and masculinities.

Williams, Joan C., Dempsey, Rachel, Jan, 2014, "Conclusion: jump-starting the stalled gender revolution," in *What Works for Women at Work: Four Patterns Working Women Need to Know*, NYU Press, New York.

제5장

경제적 불평등과
정치 신뢰

강원택

I. 서론

민주화 이후 오랜 기간 동안 한국 정치를 지배해 온 가장 중요한 요인은 지역주의였다. 영남과 호남의 지역적 갈등을 축으로 하는 지역주의는 지역에 기반을 둔 정당정치를 통해 지속적으로 재생산되어 왔다. 그리고 이러한 지역주의에 기초한 정당정치는 이후 보수와 진보라는 이념적 갈등으로까지 확대되어 왔다. 이념적 갈등은 특히 2002년 대통령 선거를 기점으로 가히 폭발적이라고 할 만큼 강력한 정치적 변수로 떠올랐다. 사실 이념에 따른 정치적 경쟁의 부상은 비교정치적으로 본다면 한국 정치가 서구 민주주의 국가의 정치에서와 같은 보편적 특성을 지니게 되었음을 보여 주는 것이라고도 할 수 있다. 그런데 흥미로운 점은 한국 정치 맥락에서 보수와 진보의 이념은 서구 정치에서와는 달리 그 속에 계급적, 경제적 특성이 그다지 두드러지지 않는다는 점이다. 한국 정치에서의 보수와 진보는 서구에서 일반적으로 나타나는 분배 대 성장, 시장 자율 대 국가 개입, 형평 대 효율 등과 같은 경제적 속성보다는 대북정책, 대미 관계 등 안보, 외교적 특성을 강하게 나타낸다. 유권자의 이념 성향이나 주요 정당 간 정책적, 이념적 대립에 미치는 요인 역시 이러한 안보, 외교 영역에서의 특성이 보다 강하게 나타난다(강원택 2005).

서구 민주주의와는 달리 우리나라 선거에서 경제적 요인이 정치적 선택에 미치는 영향은 크지 않거나, 서구에서 나타나는 투표 행태와는 오히려 상이한 특성을 보인다. 1970년대 이후 주요 유럽 국가에서 계급 정치의 영향력은 예전에 비해 쇠퇴해 왔지만(Dalton and Wattenberg 2000; Clark, Lipset and Rempel 1993), 유권자의 경제적 지위는 선거에서 여전히 중요한 변수로 남아 있다. 즉 노동계급이나 경제적인 하층계급은 노동당이나 사회당, 사민당과 같은 좌파 정당을 지지하고, 반대로 중산층 이상 유산계급은 보수 정당을 지지하는 패턴이 일정하게 유지되어 왔다(Anderson and Heath 2002).

미국에서도 소득 수준에 따른 계급 투표 경향이 1980년대 중반부터 다시 부상하고 있다(김진하 2004).

그러나 우리나라의 선거에서는 이러한 투표 패턴이 제대로 발견되지 않거나 오히려 그 역의 특성을 보이기도 한다. 소득이 낮거나 재산이 적은 경제적으로 하층 유권자들이 보수 정당이나 보수 후보를 지지하는 이른바 '계급 배반 투표'의 특성이 발견되는 것이다(강원택 2013). 이러한 점이 흥미로운 까닭은 최근 들어 한국 사회에서 가장 심각한 문제로 떠오르고 있는 것이 경제적 격차, 경제적 불평등에 대한 것이기 때문이다. 통계청에서 발표한 2016년 소득 분배지수에서 상위 20%의 소득층과 하위 20% 소득층의 소득 차이를 나타내는 소득 5분위 비율의 경우 시장소득 기준 9.32, 처분 가능 소득 기준 5.45의 수치를 보였다. 상위와 하위계층 간 소득의 차이가 거의 10배에 달하는데, 문제는 그 차이가 시간이 갈수록 더욱 증대되는 경향을 보인다는 것이다.[1] 통계 수치에서뿐만 아니라 국민들이 실제로 체감하는 경제적 격차의 정도 역시 심각한 수준이다. 이미 오래 전부터 각종 여론조사에서 우리 국민이 가장 심각하게 생각하는 사회 문제로 계층 갈등, 소득 격차가 손꼽혔다. 예컨대, 2012년 내일신문, 서강대 현대정치연구소, 한국리서치가 실시한 신년 여론조사에 따르면 국민들은 세대 갈등, 이념 갈등, 지역 갈등보다 계층(빈부) 갈등이 훨씬 더 심각하다고 느끼는 것으로 나타났다. 조사 대상의 91.5%가 계층 갈등이 심각하다고 응답했다. 또한 심각성의 정도를 측정한 사회 갈등 심각성 인식 정도에서도 빈부 격차, 계층 격차가 가장 높은 수치를 나타냈다.[2]

이와 같이 최근 들어 우리 사회에서 경제적 불평등의 문제를 심각하게 생

---

1) 통계청(2017. 5. 25.). https://kostat.go.kr/incomeNcpi/income/income_ip/1/1/index.board?bmode=read&aSeq=360790

2) 서강대학교 현대정치연구소(2012. 1. 4.). http://www.sips.re.kr/bbs/viewbody.php?code=report&page=4&id=198&number=198&keyfield=&key=&category=&BoardType=&admin=&PHPSESSID=9a45d66563763bcb05da154f113e7ccd

각하는 것에 비해 현실 정치적으로는 이처럼 중요한 이슈가 정당이나 선거와 같은 정치 과정을 통해 효과적으로 반영되지 않고 있다.

즉 경제적 불평등 완화를 원하는 국민의 정치적 요구가 제도권 정치를 통해 적절하게 반영되지 못하고 있는 것이다. 다시 말해 지역주의 균열이나 이념 갈등에 매몰된 채 경제적 어려움, 계층 격차의 문제를 효과적으로 대표하지 못하는 정당정치는 불가피하게 정치적 불신을 낳을 수밖에 없다. 걱정스러운 점은 이러한 정치적 불신의 증대가 단지 정당정치에 대한 불만뿐만 아니라, 우리의 정치 시스템 전반에 대한 불신으로까지 이어질 수 있다는 점이다.

이 글은 이러한 문제의식으로부터 경제적 불평등에 대한 국민의 인식이 정치적 신뢰에 어떤 영향을 미치는지에 대해 살펴보고자 한다. 여기서 관심을 갖는 경제적 불평등과 관련된 요인은 크게 세 가지로 구분할 수 있다. 첫째는 개인의 객관적인 경제적 상황이다. 즉 가구별 자산이나 소득에서의 차이가 정치에 대한 신뢰 여부에 차이를 만들어 내는지 보고자 한다. 앞서 언급한 대로, 이와 같은 각 개인의 경제적 상황은 그동안 선거 정치에서 정파적 지지의 차이를 분명하게 만들어 내지 못했다. 두 번째는 주관적인 계층의식이다. 강원택(2014: 61-106)의 분석에 따르면, 객관적 경제 상황보다 주관적 계층의식이 보다 분명한 정치적 의식의 차이를 보인다. 세 번째는 사회적인 상황에 대한 인식이다. 즉 한국 사회의 경제적 불평등의 수준과 심각성에 대한 인식의 차이에 따라 정치적 신뢰가 달라지는지 살펴보고자 한다. 이러한 분석을 통해 경제적 불평등이 단지 경제적, 계층적 수준에서의 잠재적 갈등 요인에 그치는 것이 아니라 정치체제, 정당정치에도 중요한 영향을 미친다는 점을 밝히고자 한다. 여기서 사용되는 데이터는 2014년 서울대학교 사회과학대학에서 실시한 국민의식 조사자료이다.[3]

---

[3] 여기서 사용되는 데이터는 2014년 1월 17일부터 2월 5일까지 서울대학교 사회과학대학 계층연구팀이 한국리서치에 의뢰하여 실시한 '한국 사회에 대한 의식 조사' 자료이다. 대면 면접조사 방식을 사용했으며 표본의 크기는 1006이다.

II. 기존 문헌 검토

경제적 격차의 문제는 오늘날 비단 한국뿐만 아니라 세계적으로 정치적 불안정의 요인이 되고 있다. 세계화와 신자유주의의 확산과 함께 계층 간, 직책 간 소득의 격차는 극적으로 확대되어 왔고, 이러한 문제에도 불구하고 효과적으로 경제적 격차를 해소해 내지 못하는 정부나 정치 시스템에 대한 불만이 각국에서 고조되고 있다. 예컨대, 2011년 9월 시작된 '월가를 점령하라(Occupy Wall Street)'는 시위는 미국 사회의 빈부 격차의 심각성과 그에 대한 광범위한 불만을 극적으로 보여 주었고 세계 여러 나라로 확산되었다. 당시 시위대는 '우리는 99%이다(We are the 99%)'라는 구호를 외쳤는데, 이는 소득 상위 1%에 집중된 사회적 부 편중의 심화 문제를 지적한 것이다. 또한 유럽 등 서구 민주주의 국가 선거에서 최근 들어 기존 정당에 대한 불만의 증대와 함께 극우 정당, 포퓰리즘 정당에 대한 지지가 늘어난 것도 경제적 격차나 부의 편중이 확대된 것과 무관하지 않다(Spruyt, Keppens and van Droogenbroeck 2016; Inglehart and Norris 2016). 이러한 정치 현상은 경제적 불평등의 심화와 그로 인한 다수 국민의 삶의 질 하락이 기존 주요 정당 정치 그리고 정치 시스템에 대한 불만과 불신을 드러낸 것이라는 점에서 우려되는 현상이다. 즉 불평등의 심화는 정치권력과 제도의 공정성에 대한 불신을 높여 정치 공동체의 결속력을 약화시키고, 민주주의 정치 시스템의 효과적 작동에 대한 불신을 높여 민주주의의 불안정성을 높일 수 있다. 나이(Nye 2001)는 자신이 편저한 『국민은 왜 정부를 믿지 않는가(Why People don't Trust Government)』라는 책에서 정부의 업무 영역(scope), 정책 집행의 성과(performance) 그리고 정부 운영에 대한 국민의 태도, 반응 (perceived performance) 등의 세 가지 차원에서 정부 신뢰의 문제를 다루고 있다. 이 책의 주장은 정부에 대한 신뢰가 낮으면 국민은 물리적, 제도적, 법적, 인적 자원을 제공하지 않으려고 하며, 이러한 자원의 결핍은 정부의 업무 수행에 부정적 영향을 미치고 이는 또 다시 정부 정책에 대한 불신을 강화시키는 악순환을 거듭하게 된다는 것이다. 더욱이 정부에 대한 불신의 증대는 국민의 정치 참여를 저하시켜 건강한 민주주의에도 부정적 영향을 미치게 된다는 것이다. 다음의 인용문은 이런 문제점을 잘 지적하고 있다.

> 정치 시스템이 제 기능을 하지 못할 뿐만 아니라 공정하지 못하다는 믿음이 강해지면, 사람들은 시민적 덕목을 지켜야 한다는 의무감을 벗어던진다. 사회적 약속이 무너지고 정부와 국민 간의 신뢰가 깨지면, 사람들은 정치에 환멸감을 느끼거나, 이탈하거나, 그보다 더 심한 방향으로 움직인다. 오늘날 미국을 비롯하여 세계 각지의 수많은 민주주의 국가에서는 정치에 대한 불신이 점점 깊어져 가고 있다(Stiglitz 2013: 237-238).

그런데 정치 전반에 대한 신뢰감은 각 개인이 경제적으로 놓여 있는 상황에 따라 다르게 평가될 수 있다. 경제적으로 윤택하고 안정적인 사람과 그렇지 못한 이들이 정치제도와 정치 기구의 작동에 대한 신뢰감은 달라질 수 있다는 것이다. 즉, 각 개인의 사회경제적 지위는 교육, 직업, 소득 등 위계적으로 구조화된 체계로서 각기 다른 삶의 기회와 생활양식을 가지게 되며, 이렇게 각기 다른 조건들은 개인의 가치관 및 정치적 태도와 행위에 영향을 미친다(김상돈 2007: 31).

앞서 지적한 대로, 한국 역시 경제적 격차는 오늘날 심각한 사회적 문제가 되고 있다. 한국 사회는 1980년대부터 1996년까지 전반적으로 소득 불평등이 완화되는 추세였지만 1997년 말 외환 위기를 계기로 소득이 양극화되면서 불평등이 급격히 심화되었다. 그런 점에서 한국은 대단히 짧은 기간 내에 소득 분배가 크게 악화되었으며, 현재 한국 사회의 경제적 양극화를 극단적이라고 할 수는 없더라도 대단히 심각한 수준에 놓여 있다고 할 수 있다(신광영 2013: 69). 한국의 경우 과거 발전주의 국가 시대에 한편으로는 높은 성장률과 다른 한편으로는 '잘 살아 보자'라는 국민의 의욕이 함께 작용하여, 사회 구성원의 개별적 자본 축적뿐만 아니라 사회 전반적으로도 일정한 수준의 분배와 상향 계층 이동의 가능성이 존재했다. 그러나 오늘날과 같이 저성장 시대에 소득 격차의 심화, 자산 격차의 심화는 저소득층의 근로 의욕을 상실시킬 뿐만 아니라, 정부의 역량에 대한 믿음을 약화시켜 정치제도와 정부에 대한 사회 구성원의 신뢰가 하강하게 되는 것이다(서문기 2001: 139).

그런데 불평등의 심화는 그러한 상황이 정부나 정치제도의 적절하지 못한 대응 때문이라는 불만으로 이어질 수 있고, 거기서 더 나아가 자신을 둘러싼 전반적인 정치 환경에 대한 불만으로까지 이어질 수 있다. 그리고 이는 정치제도에 대한 불만의 증대와 함께 보다 극화된 정치적 경쟁으로 이어질 수 있다. 예컨대, 맥커티 등(McCarty et al. 2006)은 미국에서 소득 불평등의 심화가 정당 경쟁의 양극화로 이어지고 있다고 주장한다. 이처럼 경제적 불평등의 증대는 정당정치의 양극화로 이어질 뿐만 아니라 유권자의 선택에도 영향을 미친다. 미국에서는 소득 수준에 따라 정치적 선택도 계층화되는 양상이 나타나고 있다. 상대적으로 저소득층일수록 민주당을 지지하는 반면에 고소득층일수록 공화당을 지지하는 현상이 나타나며, 이러한 소득계층에 따른 정치적 계층화는 소득불평등이 심화될수록 더욱 뚜렷해지는 양상을 보인다는 것이다(이현경·권혁용 2016: 92).

우리나라에서도 개인의 사회경제적 지위에 따라 주요 정책 방향에 대한 태도에서 차이가 확인된다. 예컨대, 이갑윤·이지호·김세걸(2013)의 연구에 따르면, 재산의 정도에 따라 계급의식의 차이가 확인되는데, 재산이 소득 만족이나 공정 배분 및 빈부 격차와 같은 유권자의 분배 의식에 큰 영향을 미치고 있으며, 시장 개방, 기업 규제 반대, 세금 인하와 같은 경제적 이슈와 복지 확대, 무상급식 및 사회적 약자 보호와 같은 사회적 이슈에도 상이한 태도를 보인다는 것이다.

하지만 우리나라에서는 그러한 정치적 태도의 차이가 정치적 선택이나 정형화된 정파적 지지로까지 나아가지는 못하고 있다. 이갑윤·이지호·김세걸(2013)은 계급의식이 정당 지지나 투표 결정에 커다란 영향을 미치지 못하고 있는데, 이는 정당이 계급 이슈를 통한 정치적 동원을 이뤄 내지 못한 때문으로 보고 있다. 실제로 그동안의 한국 선거에서는 저소득층이 오히려 보수 정당이나 보수 후보에게 보다 많은 지지를 보내는 이른바 '계급 배반 투표'의 경향이 나타났다. 강원택(2013)은 그 한 가지 원인을 저소득층 세대와 계층의 혼합에서 찾았다. 저소득층 유권자 가운데 적지 않은 비율이 60대 이상의 고령층 유권자들인데, 이들의 강한 보수성이 저소득층 유권자의 '계급 배반적' 특성을 드러나게 했다는 것이다. 한국 저소득층의 보수 정당 지지 성향이 세대 효과와 맞물려 나타나고 있다는 점은 다른 연구에서도 유사한 형태로 확인되고 있다(이현경·권혁용 2016; 신광영 2016: 89; 전병유·신진욱 2014 등).

그러나 이현경과 권혁용(2016)은 경제적 불평등의 심화 정도에 따라 계층에 따른 정당 지지와 투표 선택이 달라진다고 주장한다. 즉 경제적 불평등이 완화되는 시기에 저소득층은 보수 정당을 지지하는 모습을 보이지만, 불평등이 심화되는 시기에는 보수 정당을 지지하지 않는 모습이 나타난다는 점을 지적하면서 한국 사회에서 소득에 기반한 정치적 선호와 정치 행태의 계층화가 경제적 불평등의 수준과 맞물려 나타난다고 보았다. 또한 이용마(2013)는 구중산층과 구분되는 신중산층과 외환 위기라는 경제적 사건 이후의 변화에 주목하면서, 외환 위기 이후 한국 사회가 계층 구조의 큰 변화를 겪으면서 신중산계층의 진보성과 상위계층의 보수성이 나타나게 되었고 이러한 계층적 투표 행태는 2000년 이후 거의 모든 대선과 총선에서 나타난다고 주장한다. 또한 강원택(2017)은 계층의 구분을 가구소득이 아니라 가구당 자산 규모와 주택 소유 여부와 같은 재산의 정도를 기준으로 보면, 2017년 대통령 선거에서는 '부자 보수'의 특성이 확인된다고 주장한다. 즉 '가진 자'의 보수 지지 경향이 확인된다는 것이다.

지금까지 살펴본 대로, 경제적 불평등의 사회적 심화는 각 시민의 정치적 태도, 정파적 선택, 그리고 정치제도의 신뢰에 상당한 영향을 미친다는 것을 알 수 있다. 하지만, 기존 연구 결과를 볼 때, 우리나라에서 개인의 경제적 상황, 경제적 불평등에 대한 인식과 정치 태도 혹은 정치 신뢰와의 관계는 그다지 두드러지지 않거나 그 관계 자체가 논쟁적이다. 이런 결과를 보이는 데에는 여러 가지 요인이 있을 수 있다. 우선은 정당정치가 계층적 요인에 크게 의존하지 않는다는 점이다. 민주화 이후 한국 정당정치는 지역주의적 경쟁 구도하에 놓여 있었으며, 지금까지도 지역주의는 각 정당의 지지세력 동원에 매우 효과적으로 작용하고 있다. 2002년 대통령 선거 이후에는 보수와 진보라는 이념적 요인이 새로운 정치적 균열의 축으로 등장했지만, 이념적 갈등의 주된 요인은 국가 대 시장, 형평 대 효율과 같은 경제적 측면보다 대북 관계, 대미 관계 등 안보, 국방, 대외 관계와 관련된 특성이 보다 강했다. 그리고 이러한 지역주의와 이념 균열은 세대적 요인과 맞물리면서 주요 정당의 정치적 기반을 견고하게 만들어 왔다. 이 때문에 현실적으로 우리 사회에서 경제적 불평등이 심화되었음에도 불구하고 계층적 요인은 크게 부각되기 어려웠던 것이다. 그러나 경제적 요인에 따라 정파적 태도에 대한 차이가 나타나지 않더라도 정치 전반에 대한 만족감, 정치제도에 대한 신뢰, 민주주의 작동 등 자신을 둘러싼 전반적인 정치 환경에 대해서는 경제적 상황과 불평등에 대한 인식에 따른 태도의 차이가 나타날 수 있다.

　또 다른 측면은 방법론적인 문제와 관련이 있다. 그동안 적지 않은 연구에서 계층적 구분의 기준으로 삼은 것은 소득 격차였다. 소득 격차는 계층을 구분하는 매우 중요한 요인이 된다는 점에서 이견이 있을 수 없지만, 현실적으로 한국 사회에서 보다 두드러진 경제력의 차이는 소득보다 자산에서 비롯된다고 할 수 있다. 예컨대 부동산의 소유 유무, 부모나 조부모의 재산 정도가 소득보다 계층적 구분에 보다 큰 영향을 미칠 수 있다는 것이다. 1970-1980년대의 고도 성장기에 교육과 소득에 의한 계층 상승이 가능했던 것과 달리 이제는 상속이나 재산의 유무가 경제적 지위의 결정에 보다 중요한 요인이 될 수 있는 것이다. 손낙구(2008)는 한국에서 경제적 능력이나 사회적 지위는 부동산 자산을 얼마나 소유하고 있는지의 여부로 결정된다고 하면서, '부동산 계급사회'를 언급했다. 한국에서 부동산은 주거 환경뿐만 아니라 개인의 삶을 전반적으로 결정하는 가장 중요한 자원이라는 것이다. 그리고 부동산과 같은 재산의 유무는 실제 정치적인 태도와 결정에도 영향을 미치고 있다. 서울의 강남, 서초, 송파 등 강남권에서의 보수 정당, 보수 후보에 대한 강한 선호도가 이러한 사실을 보여 주고 있다.

이와 같은 점을 고려하여 이 글에서는 계층적 요인을 소득 이외에 다양한 요인을 고려할 것이며, 계층적 요인과 경제적 불평등에 대한 인식이 정파적 태도보다 정치 시스템 전반에 어떤 영향을 미치고 있는지 분석하고자 한다. 여기서 말하는 정치 시스템 전반이라는 것은 단지 행정부나 대통령과 같은 국정 담당 제도에 대한 것뿐만 아니라, 정당정치 전반, 한국 민주주의의 작동에 대한 만족감까지를 포함하는 것이다.

III. 분석

경제적 불평등의 문제는 일차적으로 여러 가지 경제 지표를 통해 그 격차가 얼마나 커졌는지 아니면 좁혀졌는지 살펴보는 객관적 요인이 중요할 것이다. 그러나 이러한 이슈가 개별 시민의 정치적 태도나 정치제도에 대한 평가로 이어지기 위해서는 이들이 그러한 상황을 어떻게 평가하고 있는가 하는 주관적 인식이 보다 중요할 수 있다. 〈표 1〉은 지난 3년간 우리 사회에서 소득 분배의 형평성과 계층 상향 이동의 가능성이 어떻게 변화했는지에 대해 묻고, 이에 대한 응답을 정리한 것이다.

우선 소득 분배 형평성의 변화를 살펴보면, 예전보다 나빠졌다는 응답이

〈표 1〉 지난 3년간 우리 사회의 소득 분배 형평성과 계층 상향 이동 가능성의 변화 정도

	소득 분배 형평성		계층 상향 이동 가능성	
많이 나빠졌다	10.5	40.5	11.1	39.2
약간 나빠졌다	30.0		28.1	
비슷하다	50.1	50.1	51.1	51.1
약간 나아졌다	8.9	9.3	9.1	9.6
많이 나아졌다	0.4		0.5	
N	1006	100.0	1006	100.0

40.5%에 달하고 있다. 큰 차이가 없었다는 응답이 절반 정도 되지만, 3년 전보다 더 나아졌다는 긍정적인 응답은 10%에도 채 미치지 못한다. 이 결과를 보면 대다수의 사람들이 소득 분배 형평성이 증대되고 있다는 긍정적인 생각을 갖지 않고 있음을 알 수 있다. 또 다른 질문 항목인 계층 상승의 가능성에 대해서도 소득 분배 형평성에 대한 응답 패턴과 거의 일치하는 모습을 보이고 있다. 40%에 가까운 응답자들이 계층 상향 이동 가능성이 예전보다 더 나빠졌다고 보고 있다. 절반 정도의 응답자들이 지난 3년간 큰 차이가 없었다고 보는 반면, 여기서도 더 나아졌다는 응답은 10% 정도이다. 소득 분배 형평성이나 계층 상향 이동 가능성 두 질문에 대해 전체적인 응답 결과를 보면, 경제적 불평등의 상황이 지난 3년간 '그저 그렇거나 더 나빠졌다'는 것으로 볼 수 있다. 경제적 불평등 해소에 대한 희망적 시각보다는 이에 대한 사회적 우려가 적지 않음을 알 수 있다.

이번에는 최근 가장 걱정하는 것이 무엇인지 질문한 것에 대한 응답을 살펴보자. 〈표 2〉에서 보듯이, 역시 가장 높은 응답은 경제적 어려움이었다. 이러한 점은 사실 기존의 다른 조사에서도 유사한 형태로 나타났다. 그런데 〈표 2〉에서 가장 눈에 띄는 것은 '빈부 격차의 심화'라는 응답이 높게 나타났다는 점이다. 그 응답 비율이 24.4%로 나타나고 있는데, 결국 4명 중 1명은 현재 가장 걱정스러운 일로 빈부 격차의 확대를 꼽고 있는 것이다. 여기서

	경제적 어려움	빈부 격차 심화	민주주의 퇴보	정파적 갈등	안보 불안정	치안 부재, 범죄	부정 부패	기타
%	33.2	24.4	6.6	6.2	9.5	10.1	9.1	1.3

'경제적 어려움'을 일종의 '경제 격차, 불평등'과 관련된 문제로 본다면, 경제적 격차를 걱정하는 응답은 57.6%에 달한다. 이에 비해 정치적 요인, 안보적 요인, 사회적 요인의 비율은 상대적으로 그리 높지 않게 나타났다. 결과적으로, 경제적 격차에 대한 사회적 우려가 상당히 크다는 사실을 알 수 있다.

이상에서 보듯이 한국 사회의 구성원 다수는 오늘날 경제적 불평등을 매우 심각하게 받아들이고 있다. 그런데 경제적 격차의 문제는, 앞에서 문제제기한 대로, 공정성에 대한 믿음, 국가 기관에 대한 신뢰, 그리고 체제 전반에 대한 신뢰의 인식에 영향을 미친다. 경제적 격차, 불평등에 대한 인식과 정치 신뢰 및 정치제도의 작동에 대한 평가의 관계를 알아보기 위해서 OLS (Ordinary Least Square) 회귀분석을 실시했다. 여기서의 관심은 개인별 경제적 여건의 차이, 그리고 경제적 불평등의 심각성을 바라보는 인식의 차이가 정치제도와 한국 민주주의 전반에 대한 믿음과 호불호에 상이한 영향을 미치는가 하는 것이다. 보다 구체적으로는 개인의 경제적 여건이 어렵거나 하층으로 생각할수록, 그리고 우리 사회의 경제적 불평등이 심각한 것이라고 느낄수록 한국 민주주의나 정치제도에 대한 평가가 상대적으로 보다 부정적인 것일까 하는 점이다. 물론 소득 불평등과 불평등에 대한 인식이 반드시 비례하는 것은 아니다. 이에 대한 인식은 소득보다 정책 선호 혹은 이념에 따라 영향을 받을 수 있다(지은주·이양호·권혁용 2014: 304). 그러나 이러한 관점은 정치적 요인이 경제적 불평등의 인식에 영향을 준다는 점에서 이 글에서 주목하는 인과 관계와는 정반대의 입장이다.

분석을 위해 개인의 객관적 경제 상황, 개인의 경제 상황에 대한 주관적 인식, 그리고 경제적 불평등에 대한 평가 등 세 범주의 독립변수를 설정했다. 구체적으로 각 변수의 특성에 대해 살펴보면 다음과 같다. 첫째, 개인의 객관적 경제 상황으로는 주택의 소유 여부, 자산 정도, 월 가계소득 세 가지를 포함했다. 주택 소유 여부는 자기 집인지, 혹은 월세, 전세 등 임대 형태인지 두 가지 형태를 더미변수로 포함했다. 자기 집인 경우를 1로, 전월세 등인 경우를 0으로 코딩했다. 앞에서 언급한 대로, 우리 사회에서 주택의 소유 여부는 경제력과 사회적 지위에 상당히 큰 영향을 미치고 있다. 그리고 자산 정도는 부동산, 금융자산, 자동차, 회원권, 귀금속 등을 모두 포함한 가구당 자산 총액을 고려했다.[4] 그리고 기존 연구에서 계층 구분으로 자주 활용된 가구당 월 소득을 또 다른 변수로 포함했다.[5]

두 번째 범주는 주관적으로 느끼는 경제 상황에 대한 만족도이다. 불평등과 관련된 태도는 단지 소득이나 재산의 규모에 따른 개인의 실제 경제 상태뿐만 아니라 본인 스스로 인식하는 주관적 계층 소속감이나 불평등에 대한 주관적 인식의 정도에 의해서도 영향을 받는다. 사실 불평등에 대한 인식은 자신이 생각하는 '평등'의 정도와 실제 현실에서 접하는 불평등 사이의 차이에 대한 주관적 평가나 그에 대한 감정적 반응, 주관적으로 느끼는 상대적 박탈감의 정도를 드러내는 것이기도 하다(김상돈 2011: 145). 실제로 기존 연구에서는 주관적 계층의식이 정치적으로 상이한 선택이나 태도를 갖게 한다는 것을 제시하기도 했다. 강원택(2014)은 객관적 조건에 의한 계층 구분보다 주관적 평가에 의한 계층 소속감이 정치적으로 보다 큰 차이를 만들어 내고 있다고 하면서, 특히 주관적으로 자신을 하위계층에 속한다고 생각하는

---

4) 자산 총액 규모는 ① 3000만 원 미만, ② 3000~5000만 원 미만, ③ 5000~7000만 원 미만, ④ 7000~1억 원 미만, ⑤ 1~2억 원 미만, ⑥ 2~3억 원 미만, ⑦ 3~5억 원 미만, ⑧ 5~7억 원 미만, ⑨ 7~10억 원 미만, ⑩ 10억 원 이상 등 10개 항목으로 구성되어 있다.

5) 월 가구소득의 규모는 ① 100만 원 미만, ② 100~199만 원, ③ 200~299만 원, ④ 300~399만 원, ⑤ 400~499만 원, ⑥ 500~599만 원, ⑦ 600~699만 원, ⑧ 700~799만 원, ⑨ 800만 원 이상 등 9개 항목으로 구성되어 있다.

이들은 정치적인 불신이나 정치제도의 작동에 대한 불만이 보다 큰 계층이라고 분석했다. 또한 주관적 하위계층은 복지 확대나 국가 개입 등과 같은 경제정책에 대해서 자신들의 계층적 이해 관계에 부합하는 진보적인 입장을 보였고, 계층 갈등의 심각성도 보다 강하게 인식하고 있다고 보았다. 전병유와 신진욱 (2014: 27) 역시 주관적 계층의식에 따른 계층 투표 현상이 나타난다는 점을 지적했다. 또한 김병조(2000)는 상층 귀속의식을 가진 사람이 한국 사회를 안정적으로 보는 데 비해, 하층 귀속의식을 가진 사람들은 한국 사회를 불안정한 사회로 보는 경향이 있다고 분석했다. 그러나 여기의 분석에서는 주관적 계층의식을 묻기보다 개인별 경제 상황의 만족도에 대한 주관적 평가를 변수로 사용했다. 개인의 경제적 상태에 대한 만족도는 현재 개인의 경제 상태에 전혀 만족하지 못하는 경우를 0으로, 그리고 전적으로 만족하는 경우를 10으로 했다.

세 번째 범주는 사회적인 경제 불평등에 대한 평가와 전망에 대한 것이다. 경제 불평등을 상대적으로 심각하지 않게 생각하는 사회에서는 높은 수준의 불평등이라도 그것이 정부의 잘못이기보다 사회 발전을 위한 유인으로 간주할 수 있다. 이와 달리 경제적 불평등을 심각하게 여기는 사회에서는 이를 정부의 정책적 실패나 공정성의 부족으로 간주할 수 있고 이에 따라 정부에 대한 신뢰 역시 달라질 수 있다(금현섭·백승주 2015: 10-11). 여기서는 경제 불평등에 대한 평가와 관련해서 세 가지 변수를 포함했다. 앞의 〈표 1〉에서 살펴본 대로, 3년 전과 비교할 때 소득 분배의 형평성 정도와 계층 상향 이동 가능성에 대한 평가를 포함했고, 그리고 향후 10년 뒤 한국 사회의 빈부 격차 확대 여부에 대한 평가를 추가했다. 소득 분배 형평성, 그리고 계층 상향 이동성의 두 변수는 '3년 전보다 나빠졌다(0)', '비슷하거나 좋아졌다(1)'로, 그리고 10년 뒤 한국 사회 빈부 격차 확대 여부는 '중산층은 늘어나고 빈곤층은 점차 줄어들어 빈부 격차가 완화될 것이다(1)'라는 낙관적인 전망과 '중산층은 줄어들고 빈곤층은 점차 늘어나서 빈부 격차가 심해질 것이다(0)'라는 비관적인 전망 두 가지를 더미변수로 포함했다. 이외에 인구학적인 특성의 영향을 보기 위해 연령, 학력, 성별[6] 등을 포함했다.

한편, 정치적 신뢰 분석을 위한 종속변수는 세 가지 차원에서의 정치적 평가를 포함했다. 정치적 신뢰를 논할 때 우선적으로 고려될 수 있는 것은 권력 담당자, 즉 대통령이나 행정부의 정책 수행 등에 대한 평가가 되거나(이숙종·유희정 2015), 혹은 행정부, 사법부, 군대 등과 같은 국가 기관이 될 수 있다(김상돈 2007). 하지만 정치적 신뢰의 대상은 여러 가지 차원으로 나눠볼 수 있다. 예컨대, 이스턴 (Easton 1965)의 고전적인 연구에서는 정치적 지지, 정치 신뢰의 대상을 정치 공동체(political community), 정치체제(political regime), 그리고 국정 담당자(political authority)로 나누었다. 정치 공동체는 정치적 분업에 의해 결합된 개인들의 집단으로 체제의 영토적, 사회적 경계를 말한다. 정치체제는 입법부, 사법부, 행정부 등 권위 구조와 정당화의 원리를 의미하며, 국정 담당자는 정치적 권위를 실행하는 역할 담당의 대통령, 국회의원, 법관, 공무원 등을 포함한다.

여기에서도 네 가지 차원으로 종속변수를 구분하여 분석하였는데, 정치적 측면에서의 미시적인 것과 거시적인 것을 함께 고려하고자 했다. 박병진 (2007: 77)의 논의대로, 신뢰는 미시적 현상이자 거시적 현상이며, 또한 미시적 심리 수준으로나 거시적 구조 수준으로 완전히 환원시켜 버릴 수 없는 두 수준에 공히 침투되어 있는 것이기도 하기 때문이다. 가장 미시적 수준은 일상적 차원에서 접하게 되는 정치 영역에 대한 신뢰와 평가를 고려했다. 즉, 정치 과정적 측면에 대한 평가이다. 일상적 수준에서 가장 쉽게 그리고 자주 접하게 되는 정치는 정당에 의해 수행된다. 정치적 불만이 높다는 것은 기존의 주요 정당들이 자신의 의사를 제대로, 그리고 효과적으로 반영하지 못한다는 것을 의미한다. 여기에서는 0점을 '매우 부정적'으로, 100을 '매우 긍정

---

6) 성별은 남성 0, 여성은 1로 코딩했다.

적'으로 평가하는 온도계 측정 방식을 활용했다. 정당정치에 대한 평가가 특정 정당과의 관계에 대한 것일 때는 정파적 호불호에 의해 영향을 받을 수 있다. 따라서 정당정치 전반에 대한 평가는 경쟁적인 두 주요 정당 모두를 함께 고려하는 것이 적절하다. 여기서는 데이터 조사 당시 양대 정당이었던 새누리당과 민주당에 대한 선호도 합의 평균을 사용했다.

두 번째 수준의 정치 대상은 정부 영역이다. 정부 영역은 정책을 결정하고 집행하는 역할을 담당한다. 현실 정치적으로 경제적 불평등의 확대와 같은 경제정책의 결과는 일차적으로 대통령이나 행정부에 대한 책임으로 이어지기 쉽다. 여기서는 대통령과 행정부에 대한 신뢰의 합에 대한 평균을 종속변수로 삼았다. 신뢰도는 '전혀 신뢰하지 않는다'의 경우를 0으로 하고, '전적으로 신뢰한다'를 100으로 한 온도계 측정 방식을 활용했다.

세 번째 수준의 정치 대상은 통치 전반의 영역이다. 여기에서 대상으로 삼은 것은 특정 대통령이나 행정부의 업무 수행에 대한 것이 아니라, 시민 개인을 둘러싼 통치 기구 전반에 대한 평가이다. 즉 국가 기관 전반에 대한 신뢰를 고려했다. 따라서 대통령, 행정부, 사법부, 국회, 군대 등 다섯 개 기관에 대한 신뢰도를 종합하여 그 평균값을 첫 번째 종속변수로 삼았다. 신뢰도의 측정은 앞의 대통령, 행정부의 경우와 동일한 방식으로 행했다. 경제적 불평등에 대한 불만이 크다면 국가 기관 전반에 대한 신뢰도 역시 낮을 것이다.

네 번째, 가장 거시 수준으로 정치 시스템 전체의 영역이면서 정치적 상징의 영역으로도 볼 수 있는 것, 곧 한국 민주주의에 대한 평가를 고려했다. 즉 특정 정당이나 특정 대통령, 혹은 국가 기관에 대한 평가를 넘어서 정치적 질서의 근본이자 기본인 민주주의의 작동에 대한 만족감을 종속변수로 삼았다. 그리고 현재 한국 민주주의가 '거의 실현되고 있지 않다'를 0으로, '매우 잘 실현되고 있다'를 10으로 하는 범위 내에서의 주관적인 정치적 평가를 물었다. 정치적 불신이 높다면 한국 민주주의의 현재 상황에 대한 만족감 역시 낮을 것이다. 이상에서의 논의를 토대로 한 회귀분석의 결과가 〈표 3〉, 〈표

4), 〈표 5〉, 〈표 6〉에 정리되어 있다.

〈표 3〉에는 정당정치에 대한 신뢰도를 측정한 결과가 정리되어 있다. 개인의 객관적인 경제 상황을 보여 주는 변수들은 모두 통계적인 유의미성이 확인되지 않았다. 이에 비해 개인의 주관적인 경제 평가에서는 자신의 경제 상황에 대한 만족도가 높을수록 정당정치에 대한 호감도가 높아지는 것으로 나타났다. 사회 전반의 경제적 불평등에 대한 평가에서는, 사회적으로 소득 분배 상황이 전보다 나빠졌다고 생각할수록, 그리고 앞으로 중산층은 줄어들고 빈부 격차는 더 확대된다고 인식할수록 정당정치에 대한 선호도가 낮게 나타났다. 즉, 우리 사회의 경제적 불평등 문제를 심각하게 볼수록 정당정치 전반에 대한 불만이 높았고, 자신의 경제 상황에 대한 불만이 클수록 정당정치에 대한 만족도가 낮았다. 나이가 젊은층에서 정당정치에 대한 신뢰가 낮았고, 남성이 여성보다 정당정치에 대한 호감도가 낮게 나타났다. 전체적

〈표 3〉 정당정치에 대한 신뢰

범주	변수	B
객관적 개인 경제 상황	주택 소유 여부	1.20
	가계 자산 정도	0.03
	월 가계소득	−0.42
주관적 개인 경제 평가	개인 경제 상황 만족도	1.04*
경제적 불평등에 대한 평가	소득 분배 상황의 변화	−3.17***
	계층 상향 이동 가능성 변화	−1.31
	빈부 격차 확대 여부	−2.85***
인구학적 변수	연령	0.18*
	학력	−0.01
	성별	2.37***
상수		52.26*
N= 983 R2 = 0.08		

*p〈0.00; **p〈0.01; ***p〈0.05

으로 볼 때, 경제 상태나 불평등에 대한 '주관적 인식'이 정당정치에 대한 신뢰에 영향을 미치는 것으로 나타났다.

〈표 4〉에서 보듯이 대통령과 행정부에 대한 신뢰도 역시 〈표 3〉에 대한 분석과 거의 동일한 패턴을 보이고 있다. 즉 경제 불평등에 대한 주관적 인식에 따라 정부 영역에 대한 신뢰도의 차이를 나타내고 있다. 개인의 경제 상황에 대한 주관적 만족도가 높으면 정부에 대한 신뢰도가 높게 나타났다. 또한 사회적인 경제 불평등의 심각성을 크게 느낄수록 정부에 대한 신뢰도는 낮게 나타났다. 3년 전 대비 소득 분배 상황의 악화, 계층 상향 이동 가능성의 하락, 향후 빈부 격차 확대라는 비관적 전망을 갖는 이들일수록 정부 영역에 대한 신뢰도가 상대적으로 낮게 나타났다. 여기서도 재산, 주택, 소득 등 객관적인 경제 상황에 따른 차이는 통계적으로 유의미하게 나타나지 않았다. 젊은층에 비해 나이 든 세대에서 정부 영역에 대한 신뢰도가 상대적으로 높게

〈표 4〉 정부 영역에 대한 신뢰도

범주	변수	B
객관적 개인 경제 상황	주택 소유 여부	0.93
	가계 자산 정도	0.31
	월 가계소득	−0.23
주관적 개인 경제 평가	개인 경제 상황 만족도	1.04**
경제적 불평등에 대한 평가	소득 분배 상황의 변화	−5.67*
	계층 상향 이동 가능성 변화	−2.04***
	빈부 격차 확대 여부	−6.92*
인구학적 변수	연령	0.37*
	학력	−0.17
	성별	0.57
상수		45.09
N= 984 R2 = 0.17		

$^*p \langle 0.00$; $^{**}p \langle 0.01$; $^{***}p \langle 0.05$

나타났다.

　이번에는 대통령, 행정부뿐만 아니라, 통치 기관을 확대하여 대통령, 행정부, 국회, 사법부, 군대 등 국가 기관에 대한 신뢰도를 분석했다. 〈표 5〉에서 보듯이 국가 기관에 대한 신뢰는 경제적 불평등에 대한 주관적 평가와 관련된 두 범주에서 통계적으로 유의미한 결과가 확인되었다. 우선 개인이 주관적으로 생각하는 자신의 경제 상태에 대한 평가와 관련해서는 만족도가 높을수록 국가 기관에 대한 신뢰가 높아지는 것으로 나타났다. 또한 사회적인 경제 불평등에 대한 인식에서는 세 변수 모두에서 부정적인 평가를 내릴수록 국가 기관에 대한 신뢰도가 낮아졌다. 즉 3년 전에 비해 우리 사회의 소득 분배 상황이 악화되었다고 인식할수록, 예전보다 계층의 상향 이동 가능성이 낮아졌다고 인식할수록, 그리고 10년 후 한국 사회가 중산층이 줄어들고 빈부 격차가 확대될 것이라고 인식할수록 국가 기관에 대한 신뢰도가 낮아

〈표 5〉 국가 기관에 대한 신뢰도

범주	변수	B
객관적 개인 경제 상황	주택 소유 여부	0.35
	가계 자산 정도	−0.11
	월 가계소득	−0.31
주관적 개인 경제 평가	개인 경제 상황 만족도	1.23*
경제적 불평등에 대한 평가	소득 분배 상황의 변화	−4.28**
	계층 상향 이동 가능성 변화	−2.01**
	빈부 격차 확대 여부	−5.79*
인구학적 변수	연령	0.23*
	학력	−0.13
	성별	0.80
상수		45.39*
N= 984 R2 = 0.15		

$*p < 0.00;$ $**p < 0.01;$ $***p < 0.05$

졌다. 즉, 자신의 경제 상황이 상대적으로 덜 부유하다고 느끼거나 자신의 경제 상태에 대한 불만이 클수록, 그리고 사회적으로 경제적 불평등에 대한 심각성을 느끼는 이들일수록 국가 기관에 대한 전반적인 신뢰도가 낮은 것으로 나타났다. 여기에서도 경제적 불평등에 대한 '주관적 인식'이 국가 기관에 대한 신뢰에 영향을 미치고 있음을 알 수 있다. 인구학적 변수에서는 젊을수록 국가 기관에 대한 신뢰도가 낮아지는 것으로 나타났다.

〈표 6〉은 한국 민주주의에 대한 신뢰도를 분석한 것이다. 그런데 여기에서도 전반적으로 앞의 두 결과와 비슷한 패턴이 나타났다. 개인의 객관적 경제 상황과 관련해서는 여기서도 세 변수 모두 통계적 유의미성이 확인되지 않았다. 사회적인 경제 불평등에 대한 인식에서는 소득 분배 상황이 예전보다도 악화되었다고 생각할수록, 그리고 10년 뒤 빈부 격차가 더욱 확대될 것이라고 비관적으로 판단할수록 한국 민주주의의 실현 정도에 대한 평가가 낮

〈표 6〉 한국 민주주의에 대한 신뢰

		B
객관적 개인 경제 상황	주택 소유 여부	−0.23
	가계 자산 정도	0.02
	월 가계소득	−0.02
주관적 개인 경제 평가	개인 경제 상황 만족도	0.05
경제적 불평등에 대한 평가	소득 분배 상황의 변화	−0.84*
	계층 상향 이동 가능성 변화	−0.04
	빈부 격차 확대 여부	−0.39**
인구학적 변수	연령	0.02*
	학력	−0.01
	성별	0.05
상수		5.59*
N= 984 R2 = 0.13		

*p〈0.00; **p〈0.01; ***p〈0.05

았다. 전체적으로 보면, 한국 민주주의의 진전에 대한 평가에서도 한국 사회의 경제적 불평등에 대해 비관적으로 판단할수록 부정적으로 인식하는 것으로 나타났다. 즉, 가장 거시적 수준의 정치 신뢰에 대해서도 경제적 불평등에 대한 '주관적 인식'이 영향을 미치고 있음을 보여 주고 있다.

〈표 3〉, 〈표 4〉, 〈표 5〉, 〈표 6〉에서의 분석 결과는 주목할 만한 시사점을 주고 있다. 우선 우리 사회의 경제적 불평등을 심각하게 생각할수록 정당정치, 정부, 국가 기관, 민주주의 체제라는 세 수준에서의 신뢰도나 만족도가 낮아지는 것으로 나타났다. 경제적 불평등에 대한 인식이 단지 일상적으로 접하는 정당정치에 대한 불만의 증대에 그치는 것이 아니라, 국가 기관의 집행 역량이나 공정성에 대한 불만으로 이어지고 있으며, 궁극적으로는 민주주의 체제의 작동에 대한 불만으로까지 나아가고 있는 것이다. 결과적으로, 경제적 불평등에 대한 주관적 인식이 정치 신뢰에 매우 중요한 영향을 미치고 있음을 알 수 있다.

그리고 개인의 경제 상태와 관련해서, 주관적으로 생각하는 개인의 경제 상태에 대한 만족도는 정당과 국가 기관에 대한 평가에 영향을 미치는 것으로 나타났다. 그러나 주택 소유 여부, 집안 재산의 정도, 가구소득과 같이 객관적으로 측정되는 개인의 경제 상태와 관련해서는 세 분석에서 모두 통계적으로 유의미한 결과가 나타나지 않았다. 강원택(2014)을 비롯한 몇몇 기존 연구에서 볼 수 있듯이, 주관적 계층의식이나 주관적 경제 상태 평가 등 주관적 인식이 객관적 조건보다 개인의 정치적 인식이나 태도 형성에 보다 중요한 영향을 끼친다는 점이 다시 확인된 것이다.

이러한 태도는 우리 사회가 얼마나 갈등적인가 하는 데 대한 인식에도 영향을 미친다. 아래의 〈표 7〉은 경제적 양극화를 바라보는 인식의 차이에 따라 사회적 갈등의 정도7)를 어떻게 다르게 보고 있는지 분석한 것이다.

〈표 7〉에서 볼 수 있듯이, 우리 사회의 경제적 양극화를 바라보는 태도는 다시 우리 사회의 갈등의 심각성에 대한 인식의 차이를 이끌고 있다. 이전에

사회적 갈등과 불평등

비해 소득 분배가 악화되었다고 생각하거나, 상향 계층 상승의 가능성이 낮아졌다고 생각하는 이들은 우리 사회를 보다 갈등적이라고 인식하는 것으로 나타났다. 특히 계층 상승의 가능성이 낮아졌다고 응답한 이들이 인식하는 갈등의 정도가 보다 높다는 점에 주목할 필요가 있다. 즉 계층 상승의 희망이 약화될 때 우리 사회의 갈등 정도가 보다 심화될 것이라는 점을 시사한다.

이번에는 여러 종류의 갈등 가운데 부자와 빈자 간 계층적 갈등의 심각성에 대한 응답을 분석해 보았다. 〈표 8〉에서 보듯이, 세 변수 모두에서 뚜렷한 인식의 차이가 나타났고, 〈표 7〉과 비교할 때도 인식하고 있는 갈등의 심각성 정도가 컸다. 여기서도 계층 상승의 가능성이 예전과 비교할 때 낮아졌다고 인식하는 이들의 갈등 심각성 정도는 1.41로 우리 사회 내 부자와 빈자 간의 갈등이 '매우 심각하다'라고 인식하는 것으로 나타났다. 이것은 계층 간 갈등의 잠재적 심각성을 시사해 주는 것이다. 이처럼 다수가 느끼는 경제적 불평등의 심각성은 정치제도, 민주주의에 대한 신뢰에도 나쁜 영향을 미칠 뿐만 아니라 우리 사회의 갈등을 악화시킬 수 있는 문제점을 내포하고 있다. 갈등의 악화는 또 다시 정치제도에 대한 신뢰를 더욱 추락시킬 수 있을 것이다.

〈표 7〉 경제적 양극화에 대한 인식과 갈등 인식

구분	3년 전에 비해 소득 분배 정도		3년 전에 비해 계층 상승 가능성		10년 후 빈부 격차	
	비슷하거나 나아졌다	나빠졌다	비슷하거나 나아졌다	나빠졌다	완화될 것이다	심각해질 것이다
평균	2.43	2.13	2.45	1.82	2.36	2.30
t-test	8.72 p〈0.00		12.02 p〈0.00		1.50 p=0.13	

1- 매우 갈등이 심하다 ..... 5-전혀 갈등이 없다.

---

7) '귀하는 다음 두 집단 간의 관계가 어느 정도 갈등적이라고 생각하십니까?'라는 질문에 대한 다음의 아홉 가지 응답을 합한 수의 평균값으로 측정했다. ① 젊은 세대와 기성세대, ② 호남 사람과 영남 사람, ③ 부자와 가난한 자, ④ 서울과 지방, ⑤ 고학력자와 저학력자, ⑥ 남자와 여자, ⑦ 기업가와 노동자, ⑧ 여당과 야당, ⑨ 대기업과 중소기업.

<표 8> 경제적 양극화에 대한 인식과 부자-가난한 자 간의 갈등 인식

구분	3년 전에 비해 소득 분배 정도		3년 전에 비해 계층 상승 가능성		10년 후 빈부 격차	
	비슷하기나 나아졌다	나빠졌다	비슷하거나 나아졌다	나빠졌다	완화될 것이다	심각해질 것이다
평균	2.26	1.86	2.27	1.41	2.28	2.05
t-test	7.18 p<0.00		9.87 p<0.00		3.36 p<0.01	

IV. 결론

지금까지 경제적 불평등과 관련된 요인들이 일상 정치, 국가 기관 그리고 민주주의라고 하는 정치의 세 가지 상이한 수준별 대상에 대한 신뢰와 만족도의 관계에 어떠한 영향을 미치는지 살펴보았다. 조사 분석 결과 두 가지 주목할 만한 특성이 확인되었다. 첫째, 우리 사회 경제적 불평등의 심각성에 대한 인식은 단지 일상 수준에서 접하는 정당정치에 대한 불만으로 그치지 않는다는 점이다. 경제적 불평등에 대한 인식은 일차적으로 그 정책의 집행을 담당하는 대통령과 행정부에 대한 신뢰의 차이로 이어지고, 더 나아가 국가 기관 전반에 대한 신뢰도의 차이로까지 연결되고 있다. 이는 더 나아가 한국 민주주의의 작동에 대한 만족감의 차이로까지 이어지고 있다. 즉, 우리 사회의 경제적 불평등에 대한 인식은 단지 일상적 수준에서 접하는 정당이나 대통령 등에 대한 불신에 그치는 것이 아니라, 정치제도 전반, 국가 통치기관 전반에 대한 불신으로 이어지고, 종국에는 민주주의라는 우리의 핵심 정체성에 대한 만족감, 신뢰감을 낮추는 데까지 나아가고 있다. 즉 민주주의 체제의 정당성 약화로까지 이어질 수 있는 것이다. 그런 점에서 볼 때, 경제적 불평등을 완화하는 것은 단지 경제 문제에 그치는 것이 아니라, 정치적으로 국가 기관과 정치제도에 대한 신뢰를 높이고 안정되고 건강한 민주주의를 이루는 데 매우 중요한 조건이 된다는 것을 알 수 있다.

두 번째 특성은 개인의 객관적인 경제 상황보다 '주관적으로 인식된 불평 등의 정도, 심각성'이 정치적 신뢰에 보다 중요한 영향을 미친다는 점이다. 네 차원의 정치적 대상에 대한 분석에서 모두 일관되게 통계적으로 유의미 한 결과를 보인 것은 개인의 경제 상태에 대한 '주관적 평가'이거나 우리 사 회 경제적 불평등의 심각성에 대한 '주관적 인식'과 관련된 것이었다. 이에 비 해 재산의 정도, 주택의 유무, 그리고 가계소득 등은 별다른 차이를 나타내지 않았다. 특히 경제적 불평등의 완화나 상향 계층 이동 가능성에 대한 비관적 인식이 정치적 신뢰에 부정적으로 작용했다. 따라서 사회적 안전망의 구축 과 내실화, 노동시장에서의 신축성과 안정성 확보, 공적연금체계의 확립을 통한 안정적 소득 보장과 사회적 이동성에 대한 기대의 형성(금현섭·백승주 2014) 등이 이러한 문제점에 대한 적절한 대응책이 될 수 있다.

그러나 보다 중요한 것은 장기적이고 구조적인 관점에서 우리 사회가 경 제적 양극화의 문제를 심각하게 생각하고 있으며 이를 해소하기 위해 지속 적으로 노력해 오고 있다는 희망과 믿음을 주는 것이다. 즉 경제적 양극화는 경제적으로 어려운 형편에 놓인 계층의 문제만이 아니라 사회 전체가 이 문 제에 관심을 갖고 격차를 해소하려고 애쓰고 있다는 믿음을 주는 것이 중요 하다는 것이다. 사실 2003년 노무현 정부 출범 이후부터 우리 사회에서 복지 확대나 경제적 불평등 해소에 대한 정치권의 공약이나 사회적 논의가 꾸준 하게 지속되어 왔다. 이명박 정부에서는 '동반 성장'이 중요한 정책 중 하나였 다. 2010년 지방선거에서의 주요 이슈는 '반값 등록금, 무상급식'이었다. 또 한 박근혜 대통령은 2012년 대통령 선거에서 복지 확대, 경제 민주화를 내걸 고 당선되었다. 경제적 불평등을 완화하겠다는 정치권의 약속은 이미 오래 전부터 제시되어 온 것이다. 그러나 앞서 분석 결과에서 보듯이, 우리 사회 의 경제적 불평등에 대한 심각성은 오히려 더욱 증대되고 있으며, 이처럼 지 켜지지 못한 경제적 불평등 완화에 대한 정치권의 공약은 더욱 더 정치적 불신을 가중시킬 수밖에 없다. 사실 경제적 불평등 완화를 위한 정책에 대해서는 이미 많은 논의가 있어 왔고 그 정책 방향에 대한 공감대도 나름대로 이뤄져 왔다. 문제는 선거 때의 약속이 집권 이후 지켜지지 않거나, 혹은 새로운 정부가 들어설 때마다 이전 정부의 정책을 덮어버리고 다른 새로운 정책을 추진함으로써 경제적 불평등 해소를 위한 일관되고 지속적인 정책 추진이 이뤄지지 못한다는 점이다. 따라서 경제적 불평등 완화를 위한 정책이 어떻게 실효성을 거둘 것인가는 결국 일차적으로는 정치적 책임성(political accountability)을 어떻게 확립할 것인가 하는 문제와 관련이 있다. 그리고 보다 구조적으로는 경제적 불평등 해소라는 중차대한 국가 과제를 장기적으로 일관성 있게 끌고 나갈 수 있는 정치 시스템을 만드는 일과 관련을 갖는다.

민주화 30년을 넘어서면서 최근 이른바 '87년 체제'의 극복을 위한 새로운 정치 질서 마련에 대한 논의가 활발하게 이뤄지고 있다. 이러한 논의는 비단 정치 영역에서의 문제일 뿐만 아니라 경제적 불평등 완화와 같은 중요한 국가 과제의 효과적 수행을 위해서도 시급한 문제인 것이다. 그리고 그것은 또 다시, 이 글의 분석 결과처럼, 정치제도와 한국 민주주의의 신뢰 회복을 위해서도 중요한 의미를 갖는다.

강원택, 2017, "2017년 대통령선거에서의 보수정치: 몰락 혹은 분화," 『한국정당학회보』, 16(2), 5-33.

강원택, 2014, "사회계층과 정치적 갈등: 객관적 계층과 주관적 계층," 강원택·김병연·안상훈·이재열·최인철, 『당신은 중산층입니까: 서울대 교수 5인의 계층 갈등 대해부』, 21세기북스, 61-106.

강원택, 2013, "한국 선거에서의 '계급 배반 투표'와 사회 계층," 『한국정당학회보』, 12(3), 5-28.

강원택, 2005, "한국의 이념 갈등과 진보-보수의 경계," 『한국정당학회보』, 4(2), 193-217.

권혁용, 2017, 『선거와 복지국가』, 고려대학교 출판문화원.

이현경·권혁용, 2016, "한국의 불평등과 정치선호의 계층화," 『한국정치학회보』, 50(5), 89-108.

금현섭·백승주, 2015, "경제적 불평등과 정부 신뢰: 불평등에 대한 태도를 중심으로," 『행정논총』, 53(1), 1-33.

김병조, 2000, "한국인 주관적 계층의식의 특성과 결정요인," 『한국 사회학』, 34, 241-268.

김상돈, 2011, "불평등인식, 정치성향, 정당지지가 정치항의에 미치는 영향," 『OUGHTOPIA』, 26(1), 141-171.

김상돈, 2007, "사회경제적 지위와 정치적 성향이 국가기관 불신에 미치는 영향," 『한국 사회학』, 43(2), 25-54.

김진하, 2004, "소득 수준에 따른 계급 투표의 부활," 『한국정치학회보』, 38(2), 465-493.

박병진, 2007, "신뢰 형성에 있어 사회참여와 제도의 역할," 『한국 사회학』, 41(3), 65-105.

박종민·김왕식, 2006, "한국에서 사회 신뢰의 생성," 『한국정치학회보』, 40(2), 149-169.

서문기, 2001, "한국 사회의 정부 신뢰 구조," 『한국 사회학』, 35(5), 119-146.

서복경·한영빈, 2014, "계층의식이 정책 선호 및 투표 선택에 미치는 영향," 이갑윤, 이현우 편, 『한국의 정치균열 구조: 지역, 계층, 세대 및 이념』, 오름, 139-170.

손낙구, 2008, 『부동산 계급사회』, 후마니타스.

신광영, 2016, "한국 사회 불평등과 민주주의," 『한국 사회학회 심포지움 논문집』, 73-95.

신광영, 2013, 『한국 사회 불평등 연구』, 후마니타스.

이숙종·유희정, 2015, "정부신뢰의 영향요인 연구: 대통령 신뢰의 매개효과를 중심으로," 『한국 정치연구』, 24(2), 53-81.

이연호, 2013, 『불평등 발전과 민주주의』, 박영사.

이우진, 2016, "소득불평등의 심화 원인과 재분배 정책에 관한 연구", 국회예산정책처 연구 용역 보고서.

장승진, 2013, "2012년 양대 선거에서 나타난 계층균열의 가능성과 한계," 『한국정치학회보』, 47(4), 51-70.

전병유·신진욱, 2014, "저소득층일수록 보수 정당을 지지하는가? 한국에서 계층별 정당지지와 정책 태도, 2003-2012," 『동향과 전망』, 91, 9-51.

지은주·이양호·권혁용, 2014, "한국의 불평등과 정치 신뢰," 이신화 외, 『불평등과 민주주의』, 고려대학교 출판부, 302-324.

한귀영, 2013, "2012 대선, 가난한 이들은 왜 보수 정당을 지지했는가?" 『동향과 전망』, 89, 9-40.

Andersen, Robert and Anthony Heath, 2002, "Class Matters: The Persisting Effects of Contextual Social Class on Individual Voting in Britain, 1964-97," *European Sociological Review*, 18(2), 125-138.

Clark, T.N., Lipset, S.M. and Rempel, M., 1993, "The declining political significance of social class," *International Sociology*, 8(3), 293-316.

Dalton, Russell and Martin Wattenberg (eds.), 2000, *Parties without Partisans: Political Change in Advanced Industrial Democracies*, Oxford: Oxford University Press.

Easton, David, 1998, "A Re-assessment of the Concept of Political Support," *British Journal of Political Science*, 5(4), 435-457.

Easton, David, 1965, *A Systems Analysis of Political Life*, New York: John Wiley and Sons, Inc.

Hetherington, Marc J., 1998, "The Political Relevance of Political Trust," *The American Political Science Review*, 92(4), 791-808.

Inglehart, Ronald and Pippa Norris, 2016, "Trump, Brexit and the Rise of populism: Economic Have-Nats and Cultural Backlash," HKS working paper No. RWJP16-026 (July 29, 2016).

McCarty, Nolan, M. Keith, T. Poole, and J. Seawright, 2006, *Polarized America: The Dance of Ideology and Unequal Riches*, Cambridge: MIT Press.

Newton, 1999, "Social and Political Trust in established democracies," Pippa Norris (ed.) *Critical Citizens: Global Support for Democratic Governance*, Oxford: Oxford University Press.

Nye, Jr, Joseph, 1998, *Why People Don't Trust Government*, 2001, 박준원 옮김, 『국민은 왜 정부를 믿지 않는가』, 굿인포메이션.

Rothestein, Bo, 2001, "Social Capital in the Social Democratic Welfare State," Politics & Society, 29(1), 207-241.

Spruyt, Bram, Gil Keppens and Flip van Droogenbroeck, 2016, "Who support Populism and What attracts People to It," *Political Research Quarterly*, 69(2), 335-346.

Stiglitz, Joseph, 2012, *The Price of Inequality*, 이순희 옮김, 2013, 『불평등의 대가: 분열된 사

회는 왜 위험한가」, 열린책들.

Uslaner, Eric, 2003, "Trust, Democracy and Governance: Can Government Policies Influ-
ence Generalized Trust?" Marc Hooghe and Dietlind Stolle, (eds.) *Generating Social
Capital: Civil Society and Institutions in Comparative Perspective*, New Tork: Palgrave,